RAMEN VEGAN

Titel der Originalausgabe: *Ramens & Co par Cheynese*. Erschienen bei:
Hachette-Livre (Éditions La Plage)
58, rue Jean Bleuzen – 92178 Vanves Cedex.
Erstmals erschienen 2023 in Frankreich

Fotografie Alie Suvélor

Für die deutsche Ausgabe:
Verantwortlich: Susanne Caesar
Lektorat, Satz und Korrektorat:
VerlagsService Dietmar Schmitz GmbH
Übersetzung aus dem Französischen: Karin Weidlich
Umschlagadaption: Kai Ritter, Dominik Günzinger
Printed in China

Sind Sie mit diesem Titel zufrieden? Dann würden wir uns über Ihre Weiterempfehlung freuen.
Erzählen Sie es im Freundeskreis, berichten Sie Ihrem Buchhändler oder bewerten Sie bei Onlinekauf. Und wenn Sie Kritik, Korrekturen, Aktualisierungen haben, freuen wir uns über Ihre Nachricht an:
Christian Verlag GmbH, Postfach 40 02 09, D-80702 München oder per E-Mail an lektorat@verlagshaus.de

Unser komplettes Programm finden Sie unter:

www.christian-verlag.de

In diesem Buch wird aus Gründen der besseren Lesbarkeit das generische Maskulinum verwendet. Weibliche und anderweitige Geschlechteridentitäten werden dabei ausdrücklich mitgemeint, soweit es für die Aussage erforderlich ist.

Die Deutsche Nationalbibliothek verzeichnet diese Publikation in der Deutschen Nationalbibliografie; detaillierte bibliografische Daten sind im Internet über http://d nb.de abrufbar.

2. Auflage 2025

ISBN 978-3-98951-008-1

@Cheynese

RAMEN VEGAN

50 Rezepte für asiatisches Nudelglück

Schnell
Einfach
Lecker

CHRISTIAN

VORWORT

Meine Liebe zum Kochen kam von selbst, als ich Veganerin wurde. Ich liebe es, alle möglichen Rezepte zu »veganisieren« und meine Community zum Nachkochen meiner Kreationen zu ermuntern. Ich fühle mich von allen Kochrichtungen angezogen, aber ich muss zugeben, dass ich eine besondere Vorliebe für die asiatischen Aromen habe (Japan, Korea, China, Thailand, Vietnam, Laos ...), und so war meine Leidenschaft für asiatische Nudelgerichte geboren.

Ich hätte nicht gedacht, dass sich mir durch die vegane Ernährung eine ganz neue Geschmackswelt eröffnen würde, und das möchte mit so vielen Menschen wie möglich teilen – bislang über meinen TikTok-Kanal und über meinen Instagram-Account und nun auch noch in Buchform.

Meiner Meinung nach ist das Essen zunächst einmal ein Augenschmaus. Deswegen stecke ich mein ganzes Herzblut in die Zubereitung schöner Gerichte mit einfachen, wirkungsvollen Dressings, mit Freude und guter Laune. Eine ausgewogene und leckere Ernährung ist und bleibt die Grundlage für gute geistige und körperliche Gesundheit. Deshalb ist es für mich Ehrensache, zu zeigen, wie einfach es ist, köstliche und zu hundert Prozent vegane Gerichte zuzubereiten.

Mit diesem Buch möchte ich meine Leidenschaft mit Ihnen teilen und hoffe, dass es Sie dazu anregt, meine Rezepte auszuprobieren. Warum nicht Ihre Ernährung auf pflanzliche Kost umstellen und dem Veggie-Trend frönen?

万能つゆ

INHALT

IM VORRATSSCHRANK

GRUNDREZEPTE

KALTE NUDELSUPPEN

KALTE NUDELGERICHTE

GEBRATENE NUDELN

WARME NUDELSUPPEN UND EINTÖPFE

WEITERE WARME NUDELGERICHTE

IM VORRATSSCHRANK

NUDELSORTEN

Chinesische Weizennudeln: Diese weichen Nudeln haben eine intensiv gelbe Farbe (aufgrund des Farbstoffs) und eignen sich ideal für Eintöpfe, Suppen oder im Wok gebratene Nudelgerichte.
Dangmyeon: Diese klassischen Nudeln werden aus Süßkartoffelstärke hergestellt und sind koreanischen Ursprungs.
Glasnudeln: Transparente dünne Nudeln, meist aus Reis- oder Mungbohnenstärke.
Mungbohnennudeln: Diese dünnen Nudeln werden im Allgemeinen als Trockenware verkauft.
Naengmyeon: Diese koreanischen Nudeln werden aus verschiedenen Stärkearten hergestellt, am häufigsten aus Buchweizen- und Kartoffelstärke.
Ramen: Das sind japanische Nudeln, die früher aus China importiert wurden. Sie sind wellig und gelb und werden meist aus Weizenmehl, Hefe und Farbstoff hergestellt.
Reis-Vermicelli: Dünne transparente Nudeln aus Reisstärke.
Reisnudeln: Sie werden in vielen asiatischen Gerichten verwendet und sind ein tolles, praktisches Grundnahrungsmittel, das man immer zur Hand haben sollte. Sie sind glutenfrei und können auch für gebratene Gerichte oder in Suppen verwendet werden.
Soba: Sinnbild Japans, reich an Eiweiß und Ballaststoffen. Sie schmecken herzhaft und nussig aufgrund ihrer Buchweizenbasis.
Sōmen: Diese japanischen Weizennudeln werden mit Öl angereichert, um sie zart zu machen.
Udon: In Japan äußerst beliebt, gibt es sie in verschiedenen Größen und Stärken sowie trocken, frisch und gefroren. Auf S. 22 finden Sie ein Rezept für Hausgemachte Udon-Nudeln.

GRUNDZUTATEN

Brauner Zucker: Er gleicht salzige Noten aus und verleiht Gerichten eine schöne Farbe.
Gemüsebrühe: Verleiht Suppen und Saucen eine gute Basis.
Geschmacksneutrales Pflanzenöl: Es ist mild und übertönt die Aromen der Zutaten nicht. Raffiniertes Raps- oder Erdnussöl eignet sich sogar zum Braten und Frittieren.
Klebreismehl: Ein feines Mehl, das oft in der asiatischen Küche Verwendung findet, es eignet sich auch zum Eindicken von Saucen.
Maisstärke: Hilft dabei, Saucen einzudicken.
Puderzucker aus Rohrohrzucker: Dieser braune Zucker balanciert würzige, säuerliche und scharfe Aromen aus und ist wichtig fürs Karamellisieren von Zutaten.
Reispapier: Hauchdünne glutenfreie runde Platten für die Herstellung von Sommerrollen.
Weizenmehl: Ein Klassiker, den man im Küchenschrank haben sollte.

SAUCEN, PASTEN UND WÜRZMITTEL

Austernsauce: Süß und salzig verleiht diese Würzsauce Gerichten subtile Aromen. Auf S. 20 ist ein Rezept für eine vegane Variante angegeben.
Chunjang: Diese salzige Paste wird aus fermentierten Bohnen hergestellt und ist für die Zubereitung von koreanischem *Jajangmyeon* unverzichtbar.
Erdnussbutter: Wird in Saucen, Dressings und Dips verwendet.
Erdnusskerne: Sie dienen oft als Garnierung und sorgen für Aromatik und Crunch.
Fischsauce: Eine Grundzutat der asiatischen Küche. Sie hat eine satte, transparente rotbraune Farbe und wird vor allem in Thailand zu fast allen Gerichten hinzugefügt. Auf S. 21 ist ein Rezept für eine vegane Variante angegeben.
Getrocknete Shiitake: Ausgeprägt erdig mit besonderem Umami-Geschmack, der als »fünfte Geschmacksrichtung« gilt, würzen die getrockneten Pilze Suppen und Eintöpfe.
Gochugaru (koreanisches Chilipulver oder -flocken): Nicht zu scharf, dafür fruchtig und sehr farbenfroh.
Gochujang (koreanische Chilipaste): Diese würzige fermentierte Masse wird aus roten Chilischoten, Meju, Klebreismehl und Weizenkeimen hergestellt.
Kokosblütenzucker: Das auch Palmzucker genannte Süßungsmittel verfügt über subtile Karamellnoten.
Kombu: Dieser rauchig-würzige und leicht süße essbare Seetang wird besonders wegen des herzhaften Umami, der berühmten fünften Geschmacksrichtung, geschätzt.
Mirin: Dieser asiatische Wein, der als Würzmittel verwendet wird, stammt aus der japanischen Küche. Er ähnelt Sake, ist jedoch weniger alkoholhaltig und süßer.
Misopaste: Miso ist eine fermentierte Sojabohnenpaste, die Ge-

richte geschmacklich aufwertet und Salz ersetzt.
Nori: Meeresalgen, die als getrocknete und geröstete dünne Blätter verkauft werden.
Reisessig: Wird durch Fermentation von Reis oder Reisalkohol gewonnen und ist milder und süßer als Weinessig.
Schwarzer Reisessig: Dieser aus der Fermentation von Reis gewonnene Essig ist eine Hauptsäurequelle in der chinesischen Küche.
Sesamöl: Ein duftendes Öl mit einem Hauch Haselnuss. Es wird hauptsächlich in Dressings und Saucen verwendet, manchmal aber auch zum Kochen.
Shaoxing: Wie Sojasauce ist auch dieser Reiswein eine wichtige chinesische Zutat. Er hat eine hellbraune Farbe und einen herzhaften Umami-Geschmack, der an Sojasauce erinnert. Er verleiht einem Gericht Tiefe und Geschmack.
Sojasauce: Die »Mutter aller Würzsaucen« der asiatischen Küche ersetzt Salz und verleiht Gerichten Umami. Helle Sojasauce ist salziger und dünnflüssiger als dunkle, dunkle ist länger fermentiert, aromatischer, weniger salzig und teils sogar leicht süßlich. Schwarze Sojasauce hat eine deutlich süße Karamellnote und eine fast schon sirupartige Konsistenz.
Szechuanpfeffer: Die Fruchtschalen dieses Rautengewächses sind ein oft unterschätztes Gewürz der chinesischen Küche.
Wakame: Diese Alge kann Ihre Salate oder Suppen begleiten, einschließlich der köstlichen japanischen *Miso*-Suppe.
Weiße Sesamsamen: Dienen oft zum Garnieren.
Weißes Sesammus: Wird in der asiatischen Küche oft zur Herstellung von Saucen verwendet.

FRISCHE PRODUKTE

Daikon: Japanischer Rettich, der mariniert, roh in Salaten oder als Suppeneinlage verwendet wird.
Enoki: Die kleinen, länglichen Pilze schmecken süßlich-mild und können auch roh verzehrt werden.
Frühlingszwiebeln: Eine wesentliche Zutat für asiatische Pfannengerichte. Sie eignen sich hervorragend zum Würzen jeder Mahlzeit. Alternativ kann auch Schnittknoblauch verwendet werden.
Gurke: Wird häufig mit Essig oder als Pickles serviert.
Ingwer: Frische Ingwerwurzel verleiht der Mahlzeit eine wärmende würzige Note.
Karotte: Wird oft als eingemachtes süßsaures Gemüse gegessen, aber auch in Suppen, Pfannengerichten und anderem verwendet.
Knoblauch: Knoblauch wird als Würzmittel für viele Rezepte verwendet und verleiht dem Gericht den traditionellen Asia-Geschmack.
Koriander: Frisches Koriandergrün wird oft zum Garnieren verwendet.
Nashi-Birne: Diese Frucht zählt zur Gattung der Birnen und hat ein mild-säuerliches Aroma.
Pak Choi: Chinas vielleicht beliebtestes Kohlgemüse ist mild im Geschmack und knackig.
Seitan: Veganes Lebensmittel aus Weizenprotein mit fleischähnlicher Konsistenz.
Shiitake: Aufgrund ihrer fleischähnlichen Konsistenz werden die Pilze gerne als Fleischersatz verwendet.
Sudachi: Diese Zitrusfrucht sorgt für besondere Aromen, ersatzweise tut es aber auch Limette.
Thai-Chilischoten: Werden im gesamten asiatischen Raum angebaut und verwendet.
Tofu: Dieses aus Sojabohnen gewonnene Produkt gibt es in verschiedenen Härtegraden. Seidentofu eignet sich für Desserts oder als Zugabe in Brühe, weicher Tofu für Suppen und Eintöpfe, fester Tofu zum Braten und Frittieren.
Zitronengras: Dieses Gewächs sorgt in der asiatischen Küche für frische Aromen.

HILFSMITTEL

Eiswürfel: Praktisch, um durch Abschrecken in einem Eisbad bei blanchiertem Gemüse oder gekochten Nudeln ein Nachgaren oder Verkleben zu verhindern.
Kochstäbchen: Hilfreich beim Kochen und Verkosten der Speisen.
Schraub- und Einweckgläser: Nützlich für die Zubereitung und Aufbewahrung von *Kimchi* und Würz-Ölen.
Wok: Er ermöglicht ein schnelles und gezieltes Anbraten der Zutaten, was weniger Garzeit und Öl erfordert und somit zu gesünderen Gerichten führt.

SCHARFES KNOBLAUCH-SESAM-ÖL

Dieses aromatische Öl ist mit knusprigen Knoblauchstückchen, Gochugaru (koreanisches Chilipulver oder -flocken), Sesamsamen und einem Hauch Salz angereichert. Es schmeckt einfach köstlich, voller Umami und mit einem tollen Crunch. Als eines meiner Lieblingsgewürze verwende ich es sehr gerne für Reis, in Saucen, Marinaden und natürlich in Nudelgerichten. Für dieses Rezept habe ich Gochugaru-Flocken verwendet; diese verleihen dem Gericht eine rauchige Note und sind nicht zu scharf.

1. Ein großes, hitzebeständiges Einweckglas nehmen und Gochugaru, Sesam, Knoblauch und Salz hineingeben. Das Ganze mischen und beiseitestellen.

2. Das Öl in einem Topf erhitzen, bis es raucht und sehr heiß ist, dann nach und nach auf die Gewürze im Glas gießen. Dabei schrittweise vorgehen und alles gut vermischen.

3. Vor dem Servieren abkühlen lassen.

ANMERKUNG

Dieses Öl ist 1 Monat haltbar. Am besten im Kühlschrank aufbewahren.

ZUTATEN (1 Glas)

- 50 g Gochugaru (in Flockenform, sehr wichtig!)
- 4 EL Sesamsamen
- 10 Knoblauchzehen, gehackt
- 1 EL feinkörniges Salz
- 300 ml geschmacksneutrales Pflanzenöl

FRÜHLINGSZWIEBEL-ÖL

Chinesisches Frühlingszwiebel-Öl ist ein wesentlicher Bestandteil der kantonesischen Küche. Es ist auch unglaublich einfach zuzubereiten und eine tolle Möglichkeit, einem Gericht Aromen zu verleihen. Die leuchtend grüne Farbe sorgt außerdem für einen schönen Farbtupfer. Dazu passen Reis, Tofu, gebratenes Gemüse und natürlich Nudeln! Dieses Öl wird nicht nur in der kantonesischen Küche verwendet. In Vietnam wird es auch in Banh Mi *(Sandwiches) verwendet oder über gegrillte Auberginen und Nudeln geträufelt. In Singapur wird das Öl zum berühmten Hainan-Hühnerreis serviert und in Korea oft einfach mit heißem Reis kombiniert! Fett ist ein wichtiger Bestandteil unserer Ernährung. Scheuen Sie sich also nicht vor der Menge des hier verwendeten Öls. Vorsicht ist nur bei gesättigten Fetten wie etwa Butter und tierischen Fetten geboten!*

1. Die Frühlingszwiebeln in feine Ringe schneiden. Das Öl auf mittlerer Stufe in einer hohen Pfanne erhitzen. Nach 30 Sekunden die Temperatur testen, indem man ein einzelnes Röllchen Frühlingszwiebel ins Öl gleiten lässt: Wenn es sofort brutzelt, stimmt die Temperatur.

2. Die Frühlingszwiebeln in das heiße Öl geben und 30 bis maximal 40 Sekunden frittieren, dabei mit Kochstäbchen umrühren.

3. Abkühlen lassen, in ein Schraubglas füllen, das Salz untermischen.

ANMERKUNG

Die Frühlingszwiebeln müssen mit Öl bedeckt sein, damit sie nicht verderben. Am besten im Kühlschrank aufbewahren.

ZUTATEN (1 Glas)

- 10 Frühlingszwiebeln
- 500 ml geschmacksneutrales Pflanzenöl
- 1 EL feinkörniges Salz

SCHARFES KNOBLAUCH-SESAM-ÖL

FRÜHLINGS-ZWIEBEL-ÖL

VEGANE DASHI

Dashi *ist eine japanische Brühe. Diese Grundzutat verleiht vielen japanischen Gerichten einen authentischen Geschmack und ist sozusagen eine der Hauptzutaten der japanischen Küche. Sie wird in verschiedenen Rezepten wie Miso-, Soba-, Udon-, Ramen-Suppe und Aufläufen verwendet. Traditionelle* Dashi *wird aus Fisch wie* Niboshi *(kleine Sardellen) und* Katsuobushi *(Bonitoflocken) hergestellt. Das hier vorgestellte vegane Rezept basiert auf* Kombu *(getrocknetem Seetang 昆) und getrockneten Shiitake-Pilzen. Im Kühlschrank ist die Brühe bis zu eine Woche haltbar. Man kann sie aber auch einfrieren.*

1. Den Kombu und die Shiitake-Pilze in einen Topf geben und mit 800 ml Wasser aufgießen.

2. Sehr sanft auf eine Temperatur von 60 °C erhitzen und für 30 Minuten bei geschlossenem Deckel sanft ziehen lassen (die Brühe darf auf keinen Fall kochen, da ansonsten der Kombu bitter wird).

3. Die Brühe durch ein Sieb in Schraubgläser abseihen und bis zur Verwendung im Kühlschrank aufbewahren.

ZUTATEN (800 ml)

1 Stück Kombu (etwa 10 g)

10 g getrocknete Shiitake-Pilze

MENTSUYU

(SAUCEN-/SUPPENBASIS)

Mentsuyu *ist eine Saucen-/Suppenbasis japanischen Ursprungs, die insbesondere in vielen Nudelgerichten verwendet wird. Diese Basis, die in allen japanischen Kühlschränken zu finden ist, besteht aus nur einer Handvoll Zutaten und muss – da es sich um ein sehr aromenintensives Konzentrat handelt – verdünnt werden.*

1. Alle Zutaten zusammen in einen Topf geben und sehr sanft auf eine Temperatur von 60 °C erhitzen.

2. 5 Minuten ziehen lassen, dann abkühlen lassen. Durch ein Sieb abseihen und in eine Glasflasche mit Korken oder ein Schraubglas mit Deckel umfüllen und im Kühlschrank aufbewahren.

TIPP

Diese Würzsauce ist sehr praktisch, da sie bis zu 1 Monat im Kühlschrank haltbar ist und auch direkt in japanischen Lebensmittelgeschäften gekauft werden kann.

ANMERKUNG

Bei diesem Rezept handelt es sich um eine konzentrierte *Mentsuyu*-Sauce. Um diese dann zum Würzen einzusetzen, wird sie (je nach Rezept) mit Wasser verdünnt und dann verwendet.

ZUTATEN (1 Glas)

240 ml Sake

540 ml Mirin

480 ml Sojasauce

2 Stück getrockneter Kombu

3 getrocknete Shiitake-Pilze

CHINAKOHL-KIMCHI

Als ich zum ersten Mal Kimchi *aß, hasste ich es. Es dauerte eine Weile, bis ich es erneut versuchte, und bei meinem zweiten Test beschloss ich, alles selbst zu machen. Ergebnis meiner verschiedenen Anläufe: Ich habe es geliebt!* Kimchi *ist ein Gemüse (am häufigsten Kohl), das in einer scharfen roten Chilisauce fermentiert wird, die normalerweise aus Gochugaru (koreanisches Chilipulver oder -flocken), Ingwer, Knoblauch und Früchten (wie asiatischen Birnen, Äpfeln oder Kiwis) hergestellt wird.* Kimchi *(* 김치 *) ist ein Grundnahrungsmittel der koreanischen Küche und steht auf jedem Tisch zu jeder Mahlzeit.*

1. Den Kohl der Länge nach in Hälften schneiden, dann jede Hälfte nochmals halbieren. Die Kohlstücke mit Wasser abspülen und etwas Salz zwischen jedes Blatt geben. Es ist sehr wichtig, dass alle Blätter gut gesalzen sind. Den Kohl 2 Stunden lang ruhen lassen und dann gut abspülen, damit das *Kimchi* nicht zu salzig wird.

2. Die Karotte und den Apfel in Julienne schneiden, die Frühlingszwiebeln in feine Ringe schneiden, dann den Knoblauch, die weiße Zwiebel und den Ingwer fein hacken. In einer Schüssel vermischen.

3. Das Klebreismehl in einer Tasse mit etwas Wasser verrühren, dann in einem Topf erhitzen, bis die Mischung leicht eindickt, es sollte aber keine feste Paste entstehen.

4. Die Mehl-Mischung unter die Karotten-Apfel-Mischung rühren, dann das Gochugaru hinzufügen und alles sorgfältig zu einer Marinade verrühren.

5. Den Strunk von jedem Kohlspalt abschneiden (jedoch darauf achten, dass genug übrig bleibt, um die Blätter zusammenzuhalten), und dann großzügig die Marinade zwischen jedem Blatt und auf der Außenseite verteilen. Zum Schluss jedes Kohlstück in zwei Hälften falten und mit dem äußersten Blatt einwickeln. Das Ganze in ein großes Schraubglas schichten und fest andrücken, um Lufteinschlüsse zu vermeiden. Die restliche Marinade darübergießen. Mit einem Deckel gut verschließen. (Beim Befüllen darauf achten, dass mindestens ein Viertel des Glases oben frei bleibt, da das *Kimchi* während der Fermentation Gase bildet, die Platz zum Ausdehnen brauchen.)

6. Das Glas bei Zimmertemperatur 2 bis 3 Tage (an heißen Sommertagen nur ½ Tag) an einem dunklen Ort fermentieren lassen. Immer wieder vorsichtig von der obersten Schicht kosten, sobald man mit dem Geschmack zufrieden ist, die Fermentation durch Kühlen im Kühlschrank verlangsamen.

ZUTATEN (1 großes Glas)

- 1 großer Chinakohl
- grobkörniges Salz (um die Kohlstruktur zu »brechen«)
- 1 große Karotte
- 1 kleiner roter Apfel
- 5 Frühlingszwiebeln
- 5 Knoblauchzehen
- 1 weiße Zwiebel
- 2 cm frischer Ingwer, geschält
- 3 EL Klebreismehl
- 150 g Gochugaru (koreanisches Chilipulver oder -flocken)

KOREANISCHES GURKEN-KIMCHI

*Das koreanische Gurken-*Kimchi *(*Oi Kimchi, 오이 김치*) ist nicht nur mein persönlicher Favorit, sondern in ganz Korea sehr beliebt. In drei Worten: knackig, leicht und lecker.*

1. Die Gurke waschen und in 5 mm dicke Scheiben schneiden. Mit etwas Salz bestreuen und 20 Minuten stehen lassen, damit das Wasser austreten kann, dann das Salz abspülen und die Scheiben gut abtropfen lassen.

2. Gurke, Karotte, Zwiebel und Frühlingszwiebel in einer Schüssel vermischen.

3. In einer anderen Schüssel alle Zutaten für die Marinade vermischen.

4. Die Marinade auf das Gemüse geben und unter leichtem Druck von Hand untermischen. Das Ganze in ein großes Schraubglas geben und den Deckel gut verschließen. (Beim Befüllen darauf achten, dass mindestens ein Viertel des Glases oben frei bleibt, da das *Kimchi* während der Fermentation Gase bildet, die Platz zum Ausdehnen brauchen.)

5. Bei Zimmertemperatur etwa 30 Stunden fermentieren lassen. Immer wieder vorsichtig von der obersten Schicht kosten, sobald man mit dem Geschmack zufrieden ist, die Fermentation durch Kühlen im Kühlschrank verlangsamen.

ZUTATEN (1 großes Glas)

1 Gurke, in Scheiben geschnitten

grobkörniges Salz

1 Karotte, in Julienne geschnitten

1 weiße Zwiebel, fein gehackt

1 Frühlingszwiebel, in feine Ringe geschnitten

Für die Marinade

2 Knoblauchzehen, gehackt

1 Scheibe frischer Ingwer, gehackt

4 EL Gochugaru (koreanisches Chilipulver oder -flocken)

2 EL Reisessig

1 EL Puderzucker

1–2 EL Sesamöl

KOREANISCHES
GURKEN-KIMCHI

CHINAKOHL-KIMCHI

TIPP

Im Prinzip können Sie jederzeit mit dem Verzehr des *Kimchi* beginnen, auch wenn es im Kühlschrank etwa 2 Wochen dauert, bis sich sein volles Aroma entfaltet. Ihr *Kimchi* wird im Kühlschrank noch ein paar Monate lang reifen und köstlich schmecken, es wird mit der Zeit immer saurer, und gerade ein saures *Kimchi* kann in vielen Gerichten verwendet werden.

VEGANE AUSTERNSAUCE

Austernsauce ist eine dicke dunkelbraune Würzsauce, die aus Austernextrakt hergestellt wird und in Südchina weit verbreitet ist. Für mich persönlich ist es eine Zutat, auf die ich insbesondere bei gebratenen Gerichten nicht verzichten kann. Die Sauce wurde 1888 völlig zufällig erfunden, als ein chinesischer Küchenchef namens Lee Kum Sheung in seinem Lokal eine Austernsuppe zu lange köcheln ließ, sodass eine dicke braune Sauce entstand. Deshalb nannte sie der Koch »Austernsauce« und begann, sie den Kunden als Würzsauce zu servieren. Später wurde sie abgepackt und unter dem mittlerweile legendären asiatischen Saucenimperium Lee Kum Kee verkauft. Sie schmeckt süß-salzig, vor allem aber ist sie voller Umami. In China wird zur Beschreibung dieses Geschmacks oft der Begriff »xian wei« *(*鲜味*) verwendet. Hier ist ein Rezept für eine rein pflanzliche Austernsauce.*

1. Die Pilze in eine große Schüssel geben und 450 ml heißes Wasser darübergießen. Darauf achten, dass die Pilze vollständig unter Wasser sind. 1 Stunde einweichen lassen.

2. Die Pilze zusammen mit dem Einweichwasser mit dem Mixgerät fein pürieren.

3. Die Mischung in einen kleinen Topf gießen, dann Sojasauce, Agavendicksaft, Misopaste und Ingwer unterrühren. Alles auf mittlerer Stufe zum Köcheln bringen, dann die Temperatur reduzieren und alles noch etwa 10 Minuten reduzieren lassen.

4. In einer Tasse die Maisstärke mit 2 EL Wasser vermischen, bis sich die Stärke aufgelöst hat.

5. Die Mischung unter kräftigem Rühren in den Topf geben. 5 Minuten köcheln lassen, bis die Sauce eindickt.

6. Abkühlen lassen und in einem luftdicht verschlossenen Schraubglas im Kühlschrank aufbewahren.

ANMERKUNG

Diese Sauce ist in einem luftdichten Behälter im Kühlschrank mehrere Wochen haltbar.

ZUTATEN (1 Glas)

- 150 g getrocknete Shiitake-Pilze
- 40 ml Sojasauce
- 3 EL Agavendicksaft
- 1 EL Misopaste
- 1 TL frischer Ingwer, gerieben
- 2 TL Maisstärke

VEGANE FISCHSAUCE

Nur wenige Zutaten verleihen einem Gericht so viel Geschmack wie Fischsauce. Sie ist süß, salzig, würzig, umami – eine echte Welle an Aromen. Diese auf in Salzlake fermentierten Meeresfrüchten basierende Sauce wird häufig in der südostasiatischen Küche verwendet, insbesondere in Vietnam und Thailand, vor allem in grünem Papaya-Salat, für Bun Bo, *aber auch in Wokgerichten, in* Pad Thai *usw. Aus dieser Sauce zaubert man die allbekannte* Nuoc Mam *(Frühlingsrollen-Dip), bestehend aus Fischsauce, Knoblauch, roter Chili, Zucker und Essig. Bei diesem Rezept hier handelt es sich um eine rein pflanzliche Fischsauce.*

1. Die Ananas in zwei Hälften schneiden, die Schale abschneiden und das Fruchtfleisch in dicke Stücke schneiden. Den harten Strunk in der Mitte der Frucht sorgfältig entfernen.

2. 2 EL vom Puderzucker und die Ananasstücke in einen Topf geben. 10 Minuten köcheln lassen, damit die Ananas zu karamellisieren beginnt. Von Zeit zu Zeit umrühren.

3. 1 Liter Wasser in einem Topf zum Kochen bringen, Algen, Pilze, karamellisierte Ananas, Salz, Sojasauce und die restlichen 2 EL Puderzucker dazugeben.

4. 30 Minuten köcheln lassen, bis die Flüssigkeit verdampft ist und die Ananas wieder zu karamellisieren beginnt.

5. Die Sauce durch ein feines Sieb in ein luftdicht verschließbares Schraubglas abseihen und im Kühlschrank bis zu 2 Wochen aufbewahren.

ZUTATEN (1 Glas)

- 1 reife Ananas
- 4 EL Puderzucker
- 10 g getrocknete Wakame-Algen, eingeweicht
- 5 getrocknete Shiitake-Pilze
- 2 EL Salz
- 5 EL Sojasauce

HAUSGEMACHTE UDON

Diese Nudeln bestehen praktisch aus nichts: Weizenmehl, Wasser, Salz und Maisstärke (Maïzena®). Sie sind in Japan sehr beliebt, da sie sehr vielseitig sind und man sie auf verschiedene Arten essen kann: in einer Suppe, in Sauce, gebraten, in Salaten, in warmen oder kalten Gerichten. Die bekanntesten Leckereien, die Udon-Nudeln enthalten, sind: Tempura Udon *(in einer einfachen Brühe mit* Tempura*),* Nikutama Udon *(in einer Brühe mit Fleisch) und* Yaki Udon *(gebraten).*

1. Das Salz in einer Schale mit dem Eiswasser vermischen, bis es sich vollständig aufgelöst hat.

2. Das Mehl in eine Schüssel geben. Das eiskalte Salzwasser (bis auf 2 EL) über das Mehl gießen. Mehl und Salzwasser mit den Fingerspitzen vermischen, bis sich alles gut verbunden hat.

3. Die restlichen 2 EL Salzwasser hinzufügen und die Masse von Hand verkneten, bis sich langsam eine Kugel formt.

4. Die Teigkugel in einen großen Frischhaltebeutel geben und die Masse mit den Füßen platt drücken, bis eine Teigscheibe von 20 cm Durchmesser entstanden ist. Aus dem Frischhaltebeutel nehmen und einschlagen. Diesen Vorgang 20-mal wiederholen.

5. Den Teig aus dem Frischhaltebeutel nehmen, zu einer Kugel formen und zurück in den Beutel geben, um ihn 30 Minuten lang an einem warmen Ort ruhen zu lassen.

6. Die Teigkugel aus dem Beutel nehmen, auf eine mit Maisstärke bemehlte Arbeitsfläche legen und mit einem Nudelholz kreisförmig ausrollen, bis die Teigplatte ½ cm dick ist. Die Teigplatte halbieren und dann in 4 mm breite Streifen schneiden.

7. Die Nudeln in die Hände nehmen und auf die Arbeitsfläche klopfen, um die überschüssige Stärke zu entfernen. Nudel um Nudel vorsichtig voneinander trennen.

8. In einem großen Topf Wasser zum Kochen bringen. Die Nudeln hineingeben und etwa 5 Minuten kochen, bis sie gar sind. Abgießen, mit eiskaltem Wasser abschrecken und abtropfen lassen.

TIPP

Das Tolle an diesem Rezept ist, dass Sie mehrere Portionen im Voraus zubereiten und die rohen Nudeln für künftige Verwendungsmöglichkeiten auch einfrieren können.

ZUTATEN (4 Portionen)

1 EL feinkörniges Salz

200 ml Eiswasser

400 g Weizenmehl Type 405

30 g Maisstärke (Maïzena®)

KALTE NUDELSUPPEN

NAENGMYEON

In Korea sind kalte Suppen sehr beliebt und Naengmyeon *(wörtlich übersetzt »kalte Nudeln«) nehmen dabei den Spitzenplatz ein. Das Gericht besteht aus dünnen Nudeln aus Buchweizen, einer erfrischenden Brühe und verschiedenen Gewürzen. Es gibt zwei Arten:* Mul Naengmyeon *und* Bibim Naengmyeon. *Der entscheidende Unterschied besteht darin, dass Letzeres eine scharfe Chilipaste enthält.*

1. Für die Nudeln in einem großen Topf Wasser zum Kochen bringen und die Nudeln darin nach Packungsanleitung garen, dann abgießen und mit eiskaltem Wasser abschrecken, um den Garprozess zu stoppen. Abtropfen lassen und auf zwei Essschalen verteilen.

2. Die Gemüsebrühe, den Reisessig und den Zucker in einer Schüssel verrühren, dann die Mischung über die Nudeln geben (etwa 2 große Schöpflöffel pro Schale) und ein paar Eiswürfel untermengen.

3. Für die Sauce die angegebenen Zutaten mit 4 EL Wasser in einer kleinen Schüssel vermischen und gekühlt über die Nudeln träufeln (je nach Geschmack 4 bis 6 EL).

4. Zum Anrichten die Nudeln mit Gurke, Rettich, Nashi-Birne, Frühlingszwiebel sowie Sesam garnieren und mit etwas Sesamöl beträufeln.

ZUTATEN (2 Portionen)

Für die Nudeln

200 g Naengmyeon-Nudeln (aus Buchweizen)

500 ml Gemüsebrühe, abgekühlt

20 ml Reisessig

1 TL Puderzucker

2 Handvoll Eiswürfel

Für die Sauce

4 EL Gochugaru (koreanisches Chilipulver oder -flocken)

3 EL Nashi-Birne (oder feste Birne), geraspelt

2 EL Puderzucker

2 TL Knoblauch, gehackt

1 EL Sojasauce

1 TL Salz

Zum Anrichten

½ Gurke, in Stifte geschnitten

1 Daikon-Rettich, in dünne Scheiben geschnitten

die restliche Nashi-Birne (oder feste Birne), in dünne Scheiben geschnitten

1 Frühlingszwiebel, in feine Ringe geschnitten

1 TL weiße Sesamsamen

2 Spritzer Sesamöl

KONG GUKSU

(KALTE NUDELSUPPE MIT SOJAMILCH)

Diese im Sommer in Korea beliebte erfrischend kalte Suppe benötigt nur wenige Zutaten, und die Basis besteht aus einer hausgemachten Sojamilchbrühe, die gekühlt über dünnen Nudeln serviert wird. Es ist eine Einweichzeit über Nacht erforderlich, planen Sie also im Voraus. Sobald die Sojabohnen vollständig eingeweicht sind, ist die Mahlzeit aber in nur 30 Minuten fertig!

1. Die eingeweichten Sojabohnen abgießen und 20 Minuten in Wasser kochen, dann abgießen und mit den Pinienkernen, dem Sesam, dem Salz und 500 ml Wasser mit dem Mixgerät pürieren, bis alles sehr glatt ist. Die Sojamilch in den Kühlschrank stellen.

2. In einem großen Topf Wasser zum Kochen bringen und die Nudeln darin nach Packungsanleitung garen. Abgießen und mit eiskaltem Wasser abschrecken, um den Garprozess zu stoppen. Abtropfen lassen und auf zwei Essschalen verteilen.

3. Zum Anrichten die Sojamilch über die Nudeln gießen und alles mit Gurke, Tomate, Sesam und ein paar Eiswürfeln garnieren. Mit *Kimchi* oder anderen Beilagen genießen.

ZUTATEN (2 Portionen)

90 g gelbe Sojabohnen, über Nacht in kaltem Wasser eingeweicht

2 EL Pinienkerne

2 EL Sesamsamen

1 TL Salz

200 g dünne asiatische Nudeln

Zum Anrichten

1 Gurke, in dünne Stifte geschnitten

1 kleine Tomate, in dünne Spalten geschnitten

2 EL Sesamsamen

10–12 Eiswürfel

KIMCHIMARI GUKSU

(KALTE KIMCHI-NUDELSUPPE)

Diese kühle Köstlichkeit macht süchtig und ist erfrischend, würzig und säuerlich. Die wichtigste Zutat für dieses Rezept ist natürlich Kimchi! *Der fermentierte Kohl hat alle Aromen, um das Gericht zu einem echten Gaumenkitzler zu machen.*

1. In einem großen Topf Wasser zum Kochen bringen und die Nudeln darin nach Packungsanleitung garen; dann mit eiskaltem Wasser abschrecken, um den Garprozess zu stoppen. Abtropfen lassen und auf zwei Essschalen verteilen.

2. Für das Topping das Chinakohl-*Kimchi* klein schneiden und in einer Schüssel mit dem Sesamöl, dem Zucker, dem Knoblauch und den Sesamsamen vermengen. Als Sesam-*Kimchi* beiseitestellen.

3. Für die Sauce die Gemüsebrühe, 50 ml Wasser, den *Kimchi*-Saft, den Essig, den Puderzucker und die Sojasauce in einem großen Schraubglas vermischen, dann bis zum Servieren in den Kühlschrank stellen.

4. Zum Anrichten die Sauce über die Nudeln gießen, das Sesam-*Kimchi*, die Gurke sowie die Nori hinzufügen und alles mit Sesam bestreuen.

ZUTATEN (2 Portionen)

100 g Sōmen-Nudeln

Für das Topping

100 g Chinakohl-*Kimchi* (Rezept siehe S. 16)

1 EL Sesamöl

1 TL Puderzucker

2 Knoblauchzehen, gehackt

½ Gurke, in Stifte geschnitten

1 EL Nori, zerkleinert

1 EL Sesamsamen (plus ein paar Sesamsamen extra zum Garnieren)

Für die Sauce

220 ml Gemüsebrühe, gekühlt

60 ml *Kimchi*-Saft

1 EL Reisessig

3 TL Puderzucker

1 EL Sojasauce

SUDACHI SOBA

Sudachi ist eine japanische Zitrusfrucht, wunderbar grün und mit einer intensiven Säure. In Japan kombiniert man sie oft mit Soba-Nudeln, um ein köstliches Gericht voller Umami zu kreieren. Die Zutaten, aus denen es besteht, sind sehr einfach, daher ist eine gute Dashi-*Brühe für die Zubereitung dieses Gerichts unerlässlich.*

1. In einem großen Topf Wasser zum Kochen bringen und die Nudeln darin nach Packungsanleitung garen. Abgießen, mit eiskaltem Wasser abschrecken und abtropfen lassen. Die Nudeln auf zwei Essschalen verteilen.

2. Für die Sauce das *Dashi*-Granulat in einer großen, hitzebeständigen Schüssel in 5 EL heißem Wasser auflösen, dann die Sojasauce und die 400 ml Eiswasser unterrühren. Mit Salz abschmecken.

3. Die kalte Sauce über die Nudeln gießen und ein paar Eiswürfel hineingeben. Mit den Sudachi garnieren und jeweils 1 EL Rettich auf jede Schale geben.

TIPP

Sie können die Sauce auch am Vortag kochen, damit sie gut gekühlt ist. Die Zubereitungszeit ist dann umso kürzer.

***ZUTATEN** (2 Portionen)*

200 g Soba-Nudeln

2 unbehandelte Sudachi (alternativ Limetten), in dünne Scheiben geschnitten

1 Handvoll Eiswürfel

2 EL Daikon-Rettich, geraspelt

Für die Sauce

3 EL *Dashi*-Granulat

2 EL Sojasauce

400 ml Eiswasser

Salz

KALTE SŌMEN-SUPPE

An heißen Sommertagen möchte man das schöne Wetter natürlich möglichst »gechillt« genießen. Was gäbe es da Besseres als eine gute Schüssel eiskalte Sōmen-Nudeln in köstlicher Tsuyu*-Sauce? Sie werden diese Suppe lieben …*

1. In einem großen Topf Wasser zum Kochen bringen und die Nudeln darin nach Packungsanleitung garen. Abgießen, mit eiskaltem Wasser abschrecken und abtropfen lassen. Die Nudeln auf zwei Essschalen verteilen.

2. Für die Sauce Sake, Mirin, Sojasauce, Kombu und Pilze in einem Topf vermischen und zum Kochen bringen. 5 Minuten köcheln lassen, dann durch ein Sieb abseihen. Abkühlen lassen, dann mit dem Eiswasser verdünnen und in ein Schälchen geben.

3. Zum Anrichten Ingwer und Frühlingszwiebel in zwei kleine Schüsseln geben. Ein paar Eiswürfel unter die Nudeln mengen. Das Gericht genießen, indem man Ingwer und Frühlingszwiebel in die Tsuyu-Sauce gibt und die Nudeln darin eintaucht.

ZUTATEN (2 Portionen)

200 g Sōmen-Nudeln

1 Handvoll Eiswürfel (zum Anrichten)

Für die Sauce

120 ml Sake

270 ml Mirin

240 ml Sojasauce

1 Stück Kombu

2 getrocknete Shiitake-Pilze, eingeweicht

240 ml Eiswasser

etwas frischer Ingwer, gerieben

1 Frühlingszwiebel, in feine Ringe geschnitten

KALTE NUDEL-GERICHTE

ZARU SOBA

Die beste Art, Soba-Nudeln zu essen, ist meiner Meinung nach Zaru Soba*! Oder auch* Mori Soba, *eine Variante, bei der keine Nori-Algen beigemischt werden. Es ist ein sehr beliebter Sommersnack in Japan.* Zaru Soba *wird traditionell auf einer* Zaru *(Platte mit Bambusmatte) serviert, begleitet von verschiedenen Gewürzen und einer Sauce zum Eintunken für die Nudeln.*

1. In einem großen Topf Wasser zum Kochen bringen und die Nudeln darin nach Packungsanleitung garen. Abgießen, mit eiskaltem Wasser abschrecken und abtropfen lassen.

2. Für die Sauce die Brühe in einem Topf zusammen mit der Sojasauce, dem Mirin und dem Puderzucker 1 bis 2 Minuten erhitzen, dann abkühlen lassen und in den Kühlschrank stellen.

3. Die Nudeln auf Zaruplatten anrichten und mit Nori garnieren.

4. Die Sauce in zwei kleine Schalen füllen und 3 bis 4 Eiswürfel dazugeben, um die Sauce gut zu kühlen.

5. Zum Anrichten die Frühlingszwiebel und den Wasabi in separate kleine Schalen geben. Nach Belieben Wasabi in die Sauce einrühren, die Nudeln mit Essstäbchen in die erfrischende Sauce tunken und immer wieder ein paar Frühlingszwiebelringe dazu genießen.

ZUTATEN (2 Portionen)

200 g Soba-Nudeln

Für die Sauce

250 ml *Dashi*-Brühe

50 ml Sojasauce

50 ml Mirin

1 TL Puderzucker

1 Handvoll Eiswürfel

Zum Anrichten

2 EL Nori, zerkrümelt

1 Frühlingszwiebel, in feine Ringe geschnitten

etwas Wasabi

HIYASHI CHUKA

Es gibt viele köstliche Nudelgerichte, die mich besonders im Sommer ansprechen, eines davon ist Hiyashi Chuka. *Es handelt sich um eine Kaltspeise japanischer Herkunft, die aus Nudeln, einer Auswahl an rohem Gemüse Ihrer Wahl (was Sie gerade zur Hand haben oder was Sie bevorzugen) und einer köstlichen Sesam-Sojasauce besteht. Traditionell wird diesem Salat meist Schinken oder Fleisch beigefügt, ich verwende stattdessen festen Tofu.*

1. In einem großen Topf Wasser zum Kochen bringen und die Nudeln darin nach Packungsanleitung garen. Abgießen, mit eiskaltem Wasser abschrecken und abtropfen lassen.

2. Für die Sauce die angegebenen Zutaten in einer Schale vermischen.

3. Das rohe Gemüse und den Tofu in Stifte schneiden.

4. Die Nudeln auf tiefen Tellern anrichten und mit der Sauce übergießen.

5. Jetzt nur noch das Gemüse, den Tofu und den Mais auf die Nudeln geben und alles mit Sesamsamen bestreuen.

TIPP

Diesen Salat sollten Sie erst kurz vor dem Servieren anrichten. Die Sauce kann man aber gut im Voraus zubereiten.

***ZUTATEN* (2 Portionen)**

200 g Ramen-Nudeln

½ Tomate

½ Paprika

½ Gurke

1 Karotte

1 Block fester Tofu

5 EL Mais (TK oder Dosenware)

Sesamsamen (zum Garnieren)

Für die Sauce

2 TL Sesamsamen, im Mörser zermahlen

50 ml *Dashi*-Brühe

1 EL Sojasauce

2 TL weißes Sesammus

1 TL Mirin

1 TL Reisessig

1 TL Sesamöl

SOBA-SALAT MIT WÜRZIGER ERDNUSSSAUCE

Soba-Nudeln werden aus Buchweizen hergestellt, der erdig und leicht nussig schmeckt und ganz hervorragend zum Erdnussaroma passt. Dieser Salat ist erfrischend, schmackhaft und glutenfrei, außerdem ist er sehr nährstoffreich …

1. In einem großen Topf Wasser zum Kochen bringen und die Nudeln darin nach Packungsanleitung garen. Abgießen, mit eiskaltem Wasser abschrecken und abtropfen lassen.

2. Für das Dressing die angegebenen Zutaten mit 3 EL Wasser in einer Salatschüssel vermischen.

3. Zum Anrichten die Nudeln und das Gemüse unter das Dressing mischen, bis die Nudel gut mit Dressing überzogen sind.

4. Den Koriander und die Erdnusskerne hinzufügen und den Salat gekühlt genießen.

ZUTATEN (4 Portionen)

400 g Soba-Nudeln

Für das Dressing

- 60 g Erdnussbutter
- 2 EL dunkle Sojasauce
- 2 Knoblauchzehen, gehackt
- 1 EL Reisessig
- 1 EL Ahornsirup
- 3 TL Sriracha-Sauce
- 1 TL Erdnusskerne, zerstoßen

Zum Anrichten

- ½ Gurke, in dünne Stifte geschnitten
- 50 g Rotkohl, fein gehobelt
- 1 Karotte, in dünne Stifte geschnitten
- 2 Frühlingszwiebeln, gehackt
- ein paar Zweige frischer Koriander, zerpflückt
- 3 EL Erdnusskerne, zerstoßen

BUN BO XAO

Der vietnamesische Nudelsalat Bun Bo Xao *ist vollgepackt mit frischen Kräutern, herzhaften Aromen und einem erfrischenden, schmackhaften Dressing. Der knackige Salat lässt sich wunderbar mit frittierten Frühlingsrollen kombinieren. Die Zubereitung dauert nur 30 Minuten, und Sie können den Salat als Hauptgericht oder als Beilage genießen.*

1. Die Nudeln gemäß Packungsanleitung garen. Abgießen, mit eiskaltem Wasser abschrecken und abtropfen lassen.

2. Für den gebratenen Tofu in einer Pfanne die Tofuwürfel mit der Chili und der Zwiebel im Öl anbraten, dann den Knoblauch, die Sojasauce und das Zitronengras unterrühren. Einige Minuten anbraten, bis der Tofu gut angeröstet ist, dann abkühlen lassen.

3. Für das Dressing die angegebenen Zutaten mit 2 EL Wasser in einem Schraubglas vermischen und in den Kühlschrank stellen.

4. Zum Anrichten die Salatblätter auf zwei tiefe Teller verteilen und die Nudeln in die Mitte geben, dann die Beilagen an den Seiten verteilen (Karotte, Gurke, Frühlingsrollen) und schließlich den Tofu darauf anrichten. Alles mit den Erdnusskernen, der Minze sowie der Frühlingszwiebel bestreuen und mit dem Dressing beträufeln.

ZUTATEN (2 Portionen)

200 g Reis-Vermicelli

Für den gebratenen Tofu

1 Block fester Tofu, in kleine Würfel geschnitten

1 frische rote Chilischote, von den Kernen befreit und fein gehackt

1 Zwiebel, fein gehackt

4 TL geschmacksneutrales Pflanzenöl

2 Knoblauchzehen, gehackt

2 EL helle Sojasauce

1 TL Zitronengras, fein gehackt

Für das Dressing

2 EL weißer Essig

1 EL frische rote Chilischote, gehackt

1 EL Puderzucker

2 EL Sojasauce

2 Knoblauchzehen, gehackt

Zum Anrichten

ein paar Salatblätter

1 kleine Karotte, geraspelt

½ Gurke, in Scheiben geschnitten

6 frittierte Frühlingsrollen, in Stücke geschnitten

2 EL Erdnusskerne, zerkleinert

ein paar Zweige frische Minze, grob gehackt

1 Frühlingszwiebel, in feine Ringe geschnitten

GOi CUON

(SOMMERROLLEN)

Goi Cuon *bedeutet wörtlich »Salaträllchen«, und diese kleinen Köstlichkeiten bereite ich erst seit Kurzem selbst zu, dabei ist es so einfach! Sie bestehen aus einer Mischung aus Salat, Kräutern, verschiedenen rohen Gemüsesorten, Tofu (oder einem anderen Protein Ihrer Wahl) und zarten Nudeln. Tunken Sie die Röllchen in so viel Sauce ein, wie Sie möchten, und schwelgen Sie im Genuss! Es gibt Dutzende verschiedener Saucen. Mein persönlicher Favorit ist die Erdnusssauce: Wenn Sie einmal davon gekostet haben, werden Sie süchtig danach sein. Ich liebe* Goi Cuon, *weil es so schön ist, die Rollen in fröhlicher Runde mit Zutaten zu füllen und zu verspeisen.*

1. Für den karamellisierten Tofu den Tofu in dünne Streifen schneiden und in einer Pfanne im Sesamöl anbraten, dann Sojasauce und Puderzucker hinzufügen. Sobald der Tofu gebräunt und karamellisiert ist, beiseitestellen.

2. Die Nudeln nach Packungsanleitung garen. Mit eiskaltem Wasser abschrecken und abtropfen lassen.

3. Lauwarmes Wasser in eine große flache Schale gießen, ein erstes Blatt Reispapier darin 5–10 Sekunden einweichen und dann auf einen Teller oder ein feuchtes Tuch legen. Zunächst ein Salatblatt, etwas Minze, Koriander und Tofu in die Mitte legen, dann etwas Karotte, Gurke, Kohl, Avocado und schließlich eine kleine Portion Nudeln. Die Füllung in das Reispapier einrollen, die Seiten einschlagen und gut festdrücken. Die restlichen Rollen auf die gleiche Weise anfertigen. Mit Sauce, Kopfsalat, Koriander/Minze und Limettenspalten servieren.

TIPP: Wenn man die Rollen einzeln mit Backpapier umwickelt, verkleben sie nicht und ergeben ein tolles Picknick- oder Mitnehmgericht!

ZUTATEN (2 Portionen)

Für den karamellisierten Tofu

½ Block fester Tofu

2 TL Sesamöl

2 TL dunkle Sojasauce

1 TL Puderzucker

Für die Sommerrollen

200 g Reis-Vermicelli

10 Blätter Reispapier

10 Blätter Kopfsalat

5 Zweige frische Minze

5 Zweige frischer Koriander

1 Karotte, in Stifte geschnitten

½ Gurke, in Stifte geschnitten

100 g Rotkohl, fein gehobelt

Fruchtfleisch von 1 Avocado, in Stifte geschnitten

150 g Erdnusssauce

Kopfsalat, ein paar Zweige frischer Koriander und/ oder Minze sowie Limettenspalten (zum Garnieren)

ERDNUSSSAUCE

4 Knoblauchzehen, zerdrückt
30 ml Sesamöl
100 g Erdnussbutter
60 ml dunkle Sojasauce
30 ml Reisessig
1 TL rote Chilipaste
3 Umdrehungen aus der Pfeffermühle

In einer Pfanne den Knoblauch im Sesamöl bei mittlerer Temperatur anbraten. Erdnussbutter, 40 ml Wasser, Sojasauce, Essig, Chilipaste und Pfeffer unterrühren, kurz aufkochen lassen, in ein Einweckglas geben und abkühlen lassen, dann im Kühlschrank aufbewahren. In den folgenden Tagen verzehren.

YUM WOON SEN

Yum Woon Sen *(Salat aus Mungbohnennudeln) ist sowohl in Ursprungsland als auch im Ausland ein beliebtes Thai-Gericht. Ich liebe es, wie die milden Nudeln das scharf-würzig-säuerliche Dressing aufsaugen, während die Erdnusskerne dem Salat einen schönen Crunch verleihen. In Thailand gelten Nudeln aus Mungbohnenstärke (Glasnudeln oder Cellophan-Nudeln genannt) als gesunde Alternative zu anderen Nudelsorten, insbesondere weil sie so viel Wasser aufnehmen. Man braucht nur wenige Nudeln, um eine Schüssel zu füllen, die Mahlzeit hat also weniger Kalorien!*

1. Für das Dressing in einer Schale den Reisessig mit dem Limettensaft, dem Puderzucker, dem Knoblauchgranulat, der Zwiebel, der Chili und dem Öl vermischen.

2. Für den Salat die Nudeln in eine hitzebeständige Schüssel geben. Mit kochendem Wasser übergießen und ziehen lassen, bis sie gar sind. Gut umrühren, um sicherzustellen, dass sie nicht verkleben. Mit eiskaltem Wasser abschrecken, abgießen, abtropfen lassen und in eine Salatschüssel geben. Mit einer Schere in kürzere Stücke schneiden.

3. Die Erdnusskerne in einer Pfanne etwa 4 bis 5 Minuten anrösten, bis sie braun werden. Dann zerstoßen und beiseitestellen.

4. Das rohe Gemüse und den Koriander zu den Nudeln geben und alles mit dem Dressing vermischen. Die Erdnusskerne darüberstreuen.

TIPP

Diesen Salat sollte man erst kurz vor dem Servieren zubereiten, da die Nudeln das Dressing stark aufsaugen und aufweichen können.

ZUTATEN (2 Portionen)

Für das Dressing

2 EL Reisessig

Saft von 1 Limette

1 EL Puderzucker

1 EL Knoblauchgranulat

½ Zwiebel, gehackt

Thai-Chilischoten, gehackt (Menge nach Belieben)

1 Schuss geschmacksneutrales Pflanzenöl

Für den Salat

200 g dünne Mungbohnennudeln

100 g Erdnusskerne

2 Stangen Staudenssellerie, gehackt

1 rote oder grüne Paprika, in mundgerechte Stücke geschnitten

1 Tomate, in Spalten geschnitten

5 bis 6 Zweige frischer Koriander

KALTE NUDELN MIT ERDNUSSSAUCE

Diese Nudeln schmecken so köstlich, dass sie süchtig machen. Sobald Sie sehen, wie einfach die Zubereitung ist, werden sie sicherlich zu Ihrem neuen Lieblingsrezept. Sie benötigen hierfür nur wenige Grundzutaten. Wahrscheinlich haben Sie bereits etwas in Ihrem Küchenschrank, um diese unwiderstehliche Erdnusssauce mit allen möglichen asiatischen Nudeln zu zaubern.

1. Die Nudeln nach Packungsanleitung garen, dann abgießen, mit eiskaltem Wasser abschrecken und abtropfen lassen.

2. Für die Sauce das Öl in einer Pfanne erhitzen, dann den Knoblauch und die Frühlingszwiebeln darin anbraten. Sobald sie goldbraun sind, 60 ml Wasser, Puderzucker, Gochugaru, Sojasauce und schließlich die Erdnussbutter unterrühren, bis eine sehr cremige Mischung entstanden ist.

3. Die Nudeln mit der Sauce vermischen. Sollte das Gemisch nicht flüssig genug sein, noch etwas Wasser hinzufügen.

4. Mit der Frühlingszwiebel sowie den Erdnusskernen bestreuen und je nach Vorliebe warm oder kalt genießen.

ZUTATEN (1 Portion)

100 g asiatische Nudeln (Udon-, Ramen-, Soja- oder Reisnudeln ...)

Für die Sauce

3 EL geschmacksneutrales Pflanzenöl

3 Knoblauchzehen, gehackt

2 Frühlingszwiebeln, in Ringe geschnitten

1 EL Puderzucker

1 EL Gochugaru (koreanisches Chilipulver oder -flocken)

2 EL Sojasauce

3 EL Erdnussbutter

Zum Anrichten

1 Frühlingszwiebel, in feine Ringe geschnitten

1 EL Erdnusskerne, zerstoßen

Feurige Glücksrollen

Diese Köstlichkeit ist eine Kombination meiner beiden Lieblingsrezepte: Sommerrollen (siehe Rezept S. 47) und würzige Nudeln! Eines Tages habe ich einfach übrig gebliebene scharfe Nudeln in einem Reispapierblatt mit etwas rohem Gemüse zusammengestellt, und seitdem bin ich ganz versessen darauf!

1. Die Nudeln nach Packungsanleitung garen, abgießen, mit eiskaltem Wasser abschrecken und abtropfen lassen.

2. Für das Würzöl die angegebenen Zutaten (bis auf das Öl) in einer hitzebeständigen Schüssel vermengen. Das Öl in einem kleinen Topf erhitzen und in die Schüssel über die Zutaten gießen. Das Ganze gut vermischen.

3. Die Nudeln zum Würzöl geben und unterheben, bis sie gut mit dem Öl überzogen sind.

4. Zum Anrichten ein erstes Reispapierblatt kurz in einem tiefen Teller in lauwarmem Wasser einweichen, bis es geschmeidig ist, dann flach auf ein feuchtes Tuch legen, damit es nicht an der Arbeitsfläche haften bleibt oder reißt.

5. Etwas Kopfsalat, Avocado, Karotte und Nudeln in die Mitte des Reispapiers legen, dabei an den Seiten aber etwas Luft lassen.

6. Das Reispapierblatt aufrollen, indem man zunächst den Boden und dann beide Seiten anhebt und das Ganze zu einer festen Rolle aufwickelt. Dabei das Reispapier an den Seiten einschlagen und gut festdrücken.

7. Die restlichen Rollen auf die gleiche Weise herstellen. Mit Sesamsamen bestreut servieren.

ZUTATEN (2 Portionen)

200 g Sōmen-Nudeln

Für das Würzöl

3 EL Gochugaru (koreanisches Chilipulver oder -flocken)

1 EL Gochujang (koreanische Chilipaste)

1 TL Sesamsamen

1 TL grobkörniges Salz

4 Knoblauchzehen, fein gehackt

3 Frühlingszwiebeln, in feine Ringe geschnitten

3 EL geschmacksneutrales Pflanzenöl

Zum Anrichten

10 Blätter Reispapier

10 Kopfsalatblätter

Fruchtfleisch von 1 Avocado, in Spalten geschnitten

1 Karotte, in Stifte geschnitten

Sesamsamen

LiANGPi

Liangpi (»kalte Haut«) ist ein sehr beliebtes Nudelgericht aus Nordwestchina, das meist kalt serviert wird. Die gedämpften Nudeln haben eine einzigartige elastische Textur. Das Scharfe Öl in diesem Rezept reicht für mehrere Portionen und kann einige Tage im Kühlschrank aufbewahrt werden.

FÜR DIE NUDELN

1. Mehl und Salz in einer Schüssel vermischen und nach und nach etwa 150 ml Wasser (bei Bedarf noch 10 ml mehr) unterrühren. Kneten, bis ein glatter Teig entsteht. 15 Minuten zugedeckt ruhen lassen.
2. Nun wird mit dem »Waschen« des Teigs das Gluten abgetrennt. Hierfür den Teig einige Minuten lang vorsichtig in einer Schüssel im Wasser bewegen, bis das Wasser weiß wird. Die »Waschflüssigkeit« abseihen. Die Teigmasse 4 Stunden (oder über Nacht) an einem kühlen Ort ruhen lassen, bis die Stärke auf den Boden gesunken ist.
3. Das Wasser abgießen, um nur die dicke weiße Stärkemasse zurückzubehalten. Gut umrühren, der Teig sollte glatt sein. Ist er zu dickflüssig, etwas Wasser hinzufügen.
4. Wasser in einem Wok mit Deckel zum Kochen bringen.
5. Einen Teller (der in den Wok gestellt werden kann) einölen und etwa 80 g Stärkemasse darauf gießen. Den Teller schwenken, damit sich die Stärke in einer dünnen Schicht verteilt, dann in den Wok stellen. Abdecken, sodass die Masse 2 Minuten dämpft. Beim Dämpfen wird der Teig durchsichtig (es können große Blasen entstehen). Die Nudelplatte mit etwas Öl einpinseln und warten, bis sie abgekühlt ist. Den restlichen Teig ebenso verarbeiten. Die Nudelplatten in etwa 1–1,5 cm breite Streifen schneiden.

FÜR DAS SCHARFE ÖL

1. Gochugaru, Salz, Sesam und Knoblauch in einer großen hitzebeständigen Schüssel vermischen.
2. In einer Pfanne das Öl mit Lorbeer, Szechuanpfeffer, Zimt, Anis und Ingwer etwa 5 Minuten erhitzen, dann die Gewürze entfernen.
3. Das heiße Öl vorsichtig in die Schüssel zur Gochugaru-Sesam-Knoblauch-Mischung gießen (nach und nach). Einige Minuten stehen lassen, dann den Essig untermischen.

ZUM ANRICHTEN

Die Nudeln mit etwas vom Scharfen Öl und dem Koriander vermengen. Die Gurke und die Sojasprossen unterheben.

ZUTATEN (2 Portionen)

Für die Nudeln

250 g Weizenmehl Type 405

1 Prise Salz

etwas geschmacksneutrales Pflanzenöl (zum Einölen)

Für das Scharfe Öl

50 g Gochugaru (koreanisches Chilipulver oder -flocken)

1 EL Salz

4 EL Sesamsamen

6 Knoblauchzehen, gehackt

300 ml geschmacksneutrales Pflanzenöl

2 Lorbeerblätter

10 Szechuanpfefferkörner

1 kleines Stück chinesische Zimtrinde

2 Sternanis

2 Scheiben frischer Ingwer

2 EL schwarzer Reisessig

Zum Anrichten

ein paar Blättchen frischer Koriander

½ Gurke, in Scheiben geschnitt

1 Handvoll Sojasprossen

KIMCHI BIBIM GUKSU

Was essen, wenn der Kühlschrank leer ist? In Korea greift man da gerne auf ein Kimchi-*Gericht zurück, da ein Glas des leckeren fermentierten Kohls immer vorrätig ist. Wenn Sie also (wie die Koreaner und auch ich) immer ein Glas* Kimchi *zur Hand haben, bereiten Sie* Kimchi Bibim Guksu *(*김치비빔국수*) für ein schnelles Mittagessen oder eine leichte Mahlzeit zu. Würzig, süß-säuerlich und gepaart mit knackigem* Kimchi *ist es eine echte Gaumenfreude!* Kimchi *plus verschiedene Gewürze ist wirklich alles, was man für die Zubereitung dieses Gerichts benötigt. Sie können nach Lust und Laune auch noch anderes Gemüse hinzufügen.*

1. Die Nudeln nach Packungsanleitung garen, abgießen, mit eiskaltem Wasser abschrecken und abtropfen lassen.

2. Für das Dressing das *Kimchi* in eine Salatschüssel geben, den *Kimchi*-Saft und die anderen angegebenen Zutaten hinzufügen. Alles gut vermischen.

3. Die Nudeln unter das Dressing mischen. Abschmecken und nach Belieben mit Sojasauce, Zucker und/oder Essig nachwürzen.

4. Zum Anrichten die Nudeln mit Gemüse (hier Gurken-Sticks, Gurken-*Kimchi* und grüner Salat) Ihrer Wahl garnieren und kalt servieren.

ZUTATEN (2 Portionen)

200 g Ramen-Nudeln

Für das Dressing

250 g *Kimchi* (Grundrezept S. 16), fein gehackt

60 ml *Kimchi*-Saft

1 EL Gochujang (koreanische Chilipaste)

1 EL Sojasauce

2 EL Reisessig

2 EL Puderzucker

1 EL Sesamöl

2 TL Sesamsamen

Zum Anrichten

1/3 Gurke, in dünne kurze Stifte geschnitten

1 kleine Schüssel Gurken-*Kimchi* (Grundrezept S. 17)

1 Handvoll grüner Salat

CHEUNG FUN

(REISNUDELROLLEN)

Cheung Fun *ist ein chinesisches Reisnudelrollen-Gericht, das als Snack oder als* Dim Sum *serviert wird. Es kommt zum Frühstück oder Brunch auf den Tisch und wird von einer köstlichen Sojasauce begleitet, die ebenso süß wie salzig ist. Heute zeige ich Ihnen meine Methode, diese Nudeln ganz schnell zuzubereiten. Bei diesem Rezept kommt es vor allem darauf an, einen mikrowellengeeigneten eckigen Glasbehälter zu verwenden.*

1. Für den Nudelteig die angegebenen Zutaten in einer Schüssel mit 80 ml Wasser vermischen.

2. Einen rechteckigen Mikrowellen-Glasbehälter mit geschmacksneutralem Öl einölen. Eine dünne Schicht Teig auf dem Glasboden verteilen und ungefähr 1 Minute in der Mikrowelle erhitzen.

3. 1 Minute abkühlen lassen und das Teigblatt beiseitestellen. Den Vorgang wiederholen, bis der Teig aufgebraucht ist.

4. Für die Sauce die angegebenen Zutaten mit 5 EL Wasser in einer Schale vermischen.

5. Die Teigblätter aufrollen, auf zwei tiefe Teller verteilen und mit der Sauce beträufeln.

ZUTATEN (2 Portionen)

Für den Nudelteig

125 g Reismehl

60 g Tapiokastärke

1 TL Maisstärke

1 TL Sesamöl

1 TL Salz

geschmacksneutrales Pflanzenöl (zum Einölen)

Für die Sauce

3 EL Sesamöl

3 Knoblauchzehen, gehackt

1 Frühlingszwiebel, in feine Ringe geschnitten

2 EL Sojasauce

2 TL Puderzucker

you know
where pasta
began?

GEBRATENE NUDELN

NUDELN MIT FRÜHLINGSZWIEBEL-ÖL

Die Kombination aus intensivem Frühlingszwiebel-Öl, Sojasauce und Gochugaru schmeckt so gut, dass sie süchtig macht. Der Trick dabei ist, dass man die Frühlingszwiebeln lange genug im Öl ziehen lässt – und das ist wirklich keine Kunst (siehe Grundrezept S. 11).

1. Die Nudeln nach Packungsanleitung garen. Abgießen, mit eiskaltem Wasser abschrecken und abtropfen lassen. In eine Essschale geben.

2. Den Knoblauch in einer Pfanne im Frühlingszwiebel-Öl bei geringer Temperatur 3 bis 4 Minuten anschwitzen. Sojasauce, Gochugaru, Puderzucker und Salz unterrühren. Etwa 2 Minuten weiter erhitzen, bis sich der Zucker aufgelöst hat und die Sauce zu blubbern beginnt.

3. Die Nudeln in die Sauce geben. 1 Minute erhitzen, dabei gut umrühren, damit die Nudeln gut mit der Sauce überzogen sind.

4. Mit der Frühlingszwiebel garnieren und servieren.

ZUTATEN (1 Portion)

90 g frische breite chinesische Weizennudeln

3 Knoblauchzehen, gehackt

4 EL Frühlingszwiebel-Öl (siehe Grundrezept S. 11)

2 EL Sojasauce

1 EL Gochugaru (koreanisches Chilipulver oder -flocken)

1 EL Puderzucker

1 Prise Salz

1 Frühlingszwiebel, in feine Ringe geschnitten

HOKKIEN MEE

Hokkien Mee *ist ein würziges Nudelgericht mit einer dunkel karamellisierten, süß-würzigen Sauce. Aber Vorsicht: Nach jedem Bissen ist eine Serviette erforderlich!*

1. Die Nudeln nach Packungsanleitung garen, abgießen, mit eiskaltem Wasser abschrecken und abtropfen lassen.

2. Den Tofu mit Küchenkrepp trocken tupfen, in mundgerechte Stücke schneiden und in einer Pfanne im Öl goldbraun anbraten. Knoblauch, Pak Choi, Gemüsebrühe, beide Sojasaucen, Puderzucker, Maisstärke und Fischsauce unterrühren. Köcheln lassen, bis die Mischung eindickt. Die Nudeln untermengen.

3. Für die Sauce die angegebenen Zutaten in einer Schale verrühren und mit Salz abschmecken.

4. Die warmen Nudeln mit der Sauce servieren.

ZUTATEN (1 Portion)

300 g chinesische Weizennudeln

½ Block fester Tofu

2 EL geschmacksneutrales Pflanzenöl

3 Knoblauchzehen, gehackt

100 g Pak Choi

200 ml Gemüsebrühe

1 EL leichte Sojasauce

1 EL schwarze Sojasauce

1 TL Puderzucker

1 TL Maisstärke

2 TL Fischsauce (siehe Grundrezept S. 21)

Für die Sauce

2 frische rote Chilischoten, von den Kernen befreit und fein gehackt

1 Knoblauchzehe, gehackt

1 EL Limettensaft

1 TL Puderzucker

etwas Salz

JAPCHAE

Japchae (잡채) bedeutet »gemischtes Gemüse«, die Hauptzutat dieses Gerichts sind jedoch koreanische Süßkartoffelnudeln (Dangmyeon, 당면). Es ist auch eines der beliebtesten Gerichte in Korea. Wenn man mich nach einem guten Gemeinschaftsessen fragt, empfehle ich ohne zu zögern Japchae, aus dem einfachen Grund, weil es fast jedem schmeckt. Diesen weichen, süßen Nudeln mit ihrem unglaublich köstlichen Sesamgeschmack kann man einfach nicht widerstehen.

1. Für die Sauce die angegebenen Zutaten in einer kleinen Schüssel vermischen, bis sich der Puderzucker aufgelöst hat.

2. In einem großen Topf die Nudeln nach Packungsanleitung garen. Abgießen, mit eiskaltem Wasser abschrecken und abtropfen lassen. Mit einer Schere grob zerkleinern.

3. Die Nudeln in eine Schüssel geben und mit 3 EL der Sauce vermengen.

4. Für das Gemüse den Spinat in einem Topf in kochendem Wasser blanchieren, in einem Eisbad abschrecken, auswringen und grob hacken.

5. Die Karotte und die Paprika in einer Pfanne im Öl mit etwas Salz anbraten, an den Pfannenrand schieben, dann die Zwiebel in der Pfannenmitte glasig anschwitzen und die Shiitake-Pilze sowie die Frühlingszwiebel hinzufügen. In 3 Minuten garen.

6. Spinat, Nudeln und die restliche Sauce mit in die Pfanne geben. Alles 1 bis 2 Minuten anbraten und dabei alles gut vermischen.

ZUTATEN (1 Portion)

Für die Sauce

1 EL Sojasauce

1 EL Puderzucker (oder brauner Zucker)

1 EL Sesamöl

1 EL Knoblauch, gehackt

1 TL Sesamsamen, angeröstet

Pfeffer aus der Mühle

100 g Dangmyeon (koreanische Glasnudeln aus Süßkartoffelstärke)

Für das Gemüse

100 g frischer Blattspinat

½ Karotte, in dünne Stifte geschnitten

1 rote Paprika, in dünne Streifen geschnitten

2 EL geschmacksneutrales Pflanzenöl

1 Prise Salz

1 weiße Zwiebel, in dünne Ringe geschnitten

4–5 Shiitake-Pilze, in dünne Scheiben geschnitten

1 Frühlingszwiebel, grob gehackt

PAD KEE MAO

Wenn Sie thailändisches Essen lieben, kennen Sie wahrscheinlich die »Betrunkenen Nudeln« Pad Kee Mao. *Zur Herkunft des Namens gibt es mehrere Theorien, aber diese hier gefällt mir besonders, weil es die simpelste ist: Diese Nudeln schmecken einfach perfekt nach einem feucht-fröhlichen Abend mit Freunden.*

1. In einem großen Topf Wasser zum Kochen bringen und die Nudeln darin nach Packungsanleitung garen. Abgießen, mit eiskaltem Wasser abschrecken und abtropfen lassen.

2. Für die Sauce die angegebenen Zutaten in einer Schale vermischen.

3. Für das Gemüse eine Bratpfanne erhitzen, das Öl hineingeben und die Schalotte, die Chili, die Karotte und die Paprika darin anbraten. Nach 3 bis 4 Minuten die Sauce, die Frühlingszwiebel, den Ingwer und die Nudeln untermischen. 1 Minute mitanbraten.

4. Vom Herd nehmen, in eine Essschale geben und mit Limettenspalten sowie Frühlingszwiebel garniert heiß servieren.

ZUTATEN (1 Portion)

100 g breite Reisnudeln

Für die Sauce

1 EL brauner Zucker

1 EL helle Sojasauce

1 EL dunkle Sojasauce

1 EL Shaoxing-Reiswein

3 Knoblauchzehen, gehackt

Für das Gemüse

3 EL geschmacksneutrales Pflanzenöl

1 Schalotte, fein gewürfelt

1 Thai-Chilischote, sehr fein gehackt

½ Karotte, in kurze Stifte geschnitten

½ grüne Paprika, in kleine Stücke geschnitten

1 Frühlingszwiebel, grob gehackt

1 TL frischer Ingwer, fein gehackt

Zum Garnieren

1 unbehandelte Limette, in Spalten geschnitten

1 Frühlingszwiebel, grob gehackt

HAKKA-NUDELN

Hakka *sind relativ einfach zuzubereiten und ein beliebtes indochinesisches Gericht. Aus der Fusion der lokalen bengalischen Küche Kalkuttas mit der chinesischen* Hakka-*Küche entstand das, was wir heute als Hakka kennen. Ich teile hier mit Ihnen ein veganes* Hakka-*Nudelrezept voller Gemüse und Champignons. Es ist leicht zuzubereiten und schmeckt einfach köstlich. Das Scharfe Öl in diesem Rezept reicht für mehrere Portionen und kann einige Tage im Kühlschrank aufbewahrt werden.*

1. Für das Scharfe Öl einen hohen Topf bei hoher Temperatur erhitzen. Das Pflanzenöl, die Chilis und das Salz hineingeben, den Deckel auflegen und den Herd ausschalten. Abkühlen lassen, abseihen und beiseitestellen.

2. Für die gebratenen Nudeln zunächst die Nudeln nach Packungsanleitung garen, abgießen, mit eiskaltem Wasser abschrecken und abtropfen lassen.

3. Das Pflanzenöl in einem Wok erhitzen, Frühlingszwiebeln, Knoblauch und Chilis hinzufügen. Einige Sekunden anbraten, dann Karotten, Kohl, Paprika und Champignons unterrühren. Bei hoher Temperatur 3 bis 4 Minuten anbraten.

4. Nudeln, Sojasauce, Salz, Pfeffer sowie 2 EL vom Scharfen Öl untermischen und alles mit Salz sowie Pfeffer abschmecken. Auf Essschalen verteilen und mit den restlichen 2 EL Frühlingszwiebel garnieren.

ZUTATEN (2 Portionen)

Für das Scharfe Öl

100 ml geschmacksneutrales Pflanzenöl

5 getrocknete rote Chilischoten, fein zerstoßen

1 TL Salz

Für die gebratenen Nudeln

200 g dünne chinesische Weizennudeln

1 EL geschmacksneutrales Pflanzenöl

5 Frühlingszwiebeln, in Ringe geschnitten

1 Knoblauchzehe, gehackt

2 getrocknete rote Chilischoten, fein gehackt

100 g Karotten, in Julienne geschnitten

80 g Weißkohl, geraspelt

80 g grüne Paprika, in feine Streifen geschnitten

7 weiße Champignons, in Scheiben geschnitten

2 EL Sojasauce

Salz und Pfeffer

2 EL Frühlingszwiebel, in feine Ringe geschnitten

YAKI UDON

Yaki Udon *ist ein traditionell zubereitetes gebratenes Nudelgericht aus Japan, mit Fleisch, knackigem Gemüse und schmackhafter Sojasauce.* Yaki *bedeutet übersetzt »geröstet«, daher lässt sich der Name des Rezepts mit »geröstete Udon-Nudeln« übersetzen. Wenn Sie in ein* Izakaya *(japanisches Pub) gehen, werden Sie oft* Yaki Udon *auf der Speisekarte sehen, da es in Japan sehr beliebt ist. Diese vegane Variante verwendet anstelle von Fleisch aromatische Shiitake-Pilze.*

1. Für die Sauce die angegebenen Zutaten in einer Tasse vermischen.

2. Für die gebratenen Nudeln das Öl in einem Wok (oder in einer Bratpfanne) erhitzen und die Frühlingszwiebeln sowie den Knoblauch 1 Minute darin anbraten. Dann die Shiitake und den Pak Choi unterrühren und mitanbraten, bis das Gemüse weich ist.

3. Die Nudeln und die Sauce sorgfältig unter das Gemüse mengen. Dann alles ohne Rühren weiter anbraten, damit die Nudeln an der Unterseite leicht bräunen. Sofort servieren und genießen.

ZUTATEN (2 Portionen)

Für die Sauce

2 EL vegane Austernsauce (siehe Grundrezept S. 20)

1 EL dunkle Sojasauce

1 EL helle Sojasauce

1 EL Mirin

1 EL Puderzucker

1 EL Sriracha-Sauce

Für die gebratenen Nudeln

4 EL geschmacksneutrales Pflanzenöl

4 Frühlingszwiebeln, in feine Ringe geschnitten

4 Knoblauchzehen, gehackt

5 Shiitake-Pilze, gehackt

2 Pak Choi, in Stücke geschnitten

200 g frische vorgekochte und vakuumverpackte Udon-Nudeln

PAD THAi

Das traditionelle gebratene Nudelgericht Pad Thai *stammt aus Thailand. Es wird oft als Streetfood oder in Kantinen angeboten. Für ein richtig leckeres* Pad Thai *kommt es auf die richtige Balance zwischen süßen, salzigen, sauren und würzigen Aromen an. Diese Ausgewogenheit erreichen Sie durch die Verwendung von Sojasauce, Kokosblütenzucker und Limettensaft. Und anstelle von Hähnchenfleisch wird für diese vegane Variante Seitan oder Tofu verwendet.*

1. Die Nudeln nach Packungsanleitung al dente garen, abgießen, mit eiskaltem Wasser abschrecken und abtropfen lassen. (Zu diesem Zeitpunkt der Zubereitung sollten sie noch leichten Biss haben.)

2. Das Öl in einer Bratpfanne erhitzen, dann den Seitan (oder Tofu) hinzufügen und in einigen Minuten goldbraun anbraten.

3. Den Seitan (oder Tofu) zum Pfannenrand schieben, die Nudeln, die Sojasauce, den Kokosblütenzucker und den Limettensaft in die Mitte der Pfanne geben und verrühren.

4. 60 ml Wasser in die Pfanne gießen, damit die Nudeln nicht ansetzen. Alles erhitzen, bis die Flüssigkeit aufgesogen bzw. verdampft ist. Die Sojasprossen, die Karotte, den Knoblauch sowie die Frühlingszwiebeln untermengen und mitanbraten.

5. Das Gericht in Essschalen anrichten und mit den zerstoßenen Erdnusskernen, dem Koriander, der Tomate, der Gurke, den Limettenvierteln und der Frühlingszwiebel garnieren.

TIPP

Pad Thai schmeckt am besten frisch aus der Pfanne!

ZUTATEN (2 Portionen)

200 g breite Reisnudeln

4 EL geschmacksneutrales Pflanzenöl

10 Scheiben Seitan (oder ½ Block fester Tofu), gewürfelt

5 EL Sojasauce

2 EL Kokosblütenzucker (oder Ahornsirup)

Saft von 1 Limette

100 g Sojasprossen

½ Karotte, in Julienne geschnitten

1 Knoblauchzehe, gehackt

1 kleiner Bund Frühlingszwiebeln, gehackt

Zum Anrichten

3 EL Erdnusskerne, gehackt

ein paar Zweige frischer Koriander

½ Tomate, in Viertel geschnitten

ein paar Gurkenstücke (oder -scheiben)

1 Limette, geviertelt

1 Frühlingszwiebel, in feine Ringe geschnitten

WARME NUDELSUPPEN UND EINTÖPFE

TOSHIKOSHI SOBA

An Silvester ist es in Japan Brauch, über das vergangene Jahr nachzudenken und das neue Jahr einzuläuten, während man eine Schüssel heiße Soba-Nudeln, sogenannte Toshikoshi Soba *(年越し蕎麦), genießt. Der Tradition nach wird das Gericht meist in seiner einfachsten Form serviert: Buchweizen-Soba-Nudeln in heißer* Dashi-*Brühe und nur mit Frühlingszwiebeln garniert. Je nach Region gibt es jedoch unterschiedliche Varianten.*

1. Für die Suppe zunächst die Brühe zubereiten. Hierfür den Kombu über Nacht in einem Topf in 750 ml kaltem Wasser einweichen.

2. Am nächsten Tag Kombu und Einweichwasser bei sehr geringer Temperatur sanft erhitzen. Den Kombu entsorgen, den Herd ausschalten und die Flüssigkeit etwa 10 Minuten ziehen lassen. Sake, Mirin, Sojasauce, Salz und Shiitake-Pilze dazugeben, alles etwa 5 Minuten aufkochen lassen, dann vom Herd nehmen und abgedeckt beiseitestellen.

3. Die Nudeln nach Packungsanleitung garen, abgießen, mit eiskaltem Wasser abschrecken und abtropfen lassen. Auf zwei Essschalen verteilen.

4. Für das *Tempura* den Kürbis in dünne Scheiben schneiden. Mehl, Maisstärke, Natron und Salz in einer Schüssel vermischen. Das Sprudelwasser dazugeben und alles gut verrühren, sodass sich ein glatter, dünner Backteig bildet.

5. In einer hohen Pfanne das Öl auf 180 °C erhitzen. Eine Kürbisscheibe nach der anderen in den Teig tauchen und 3 bis 4 Minuten frittieren, dann auf Küchenkrepp abtropfen lassen.

6. Zum Anrichten die Wakame-Algen in Wasser rehydrieren und abtropfen lassen. Den *Inari* in Dreiecke schneiden. Den Daikon fein reiben, ausdrücken und zu zwei Kugeln formen.

7. Die Brühe über die Nudeln gießen und alles mit Inari, *Tempura*, Shiitake, Wakame-Algen, Daikon, Karotte und Frühlingszwiebeln garnieren.

ZUTATEN (2 Portionen)

Für die Suppe

1 Stück Kombu (etwa 10 g)

1 EL Sake

2 EL Mirin

2 EL helle Sojasauce

1 EL grobkörniges Salz

2 getrocknete Shiitake-Pilze

200 g Soba-Nudeln

Für das *Tempura*

1 kleiner Moschus-Kürbis (oder 1 große Süßkartoffel)

120 g Mehl (Mischung aus Reis- und Weizenmehl)

10 Maisstärke

1 EL Natron

1 Prise Salz

100 ml Sprudelwasser

geschmacksneutrales Pflanzenöl (zum Frittieren)

Zum Anrichten

2 EL Wakame-Algen

2 Stück *Inari* (frittierter Tofu)

1 Stück Daikon-Rettich

1/4 Karotte, in Blütenform geschnitten

1 Handvoll Frühlingszwiebeln, in feine Ringe geschnitten

2 Shiitake-Pilze

VIETNAMESISCHE PHO

Neben Banh Mi *(Sandwiches) ist* Pho *der vielleicht bekannteste vietnamesische Rezeptklassiker. Verwendet werden preiswerte Zutaten, die zu einem schmackhaften Gericht werden. Eine* Pho *zuzubereiten ist genauso einfach wie andere Suppen, aber die Brühe lebt von hochwertigen Gewürzen und Aromen. Das Rösten von Ingwer und Zwiebeln bei starker Temperatur ergibt einen intensiveren Geschmack. Bei dieser veganen* Pho *ist die Brühe köstlich, leicht und reich an Aromen.*

1. Für die Brühe die Zwiebeln und den Ingwer grob hacken und in einem großen Topf bei starker Temperatur im Öl anbraten (goldbraun, aber nicht zu dunkel). Dann Korianderkörner, Anis, Zimt und Pfeffer mitanrösten, bis sie duften. Die Karotten und die Mairübe dazugeben und alles mit 2 Litern Wasser und der Sojasauce aufgießen, dann Salz und Zucker unterrühren. Bei sehr geringerTemperatur 1 Stunde sanft köcheln lassen. Durch ein Sieb abgießen und abschmecken.

2. Für die Suppe jeden Pak Choi in zwei Hälften schneiden, 3 Minuten in einem Topf in kochendem Wasser blanchieren und dann in eine Schüssel mit Eiswasser geben. Abgießen und abtropfen lassen.

3. Die Nudeln nach Packungsanleitung garen, abgießen, mit eiskaltem Wasser abschrecken und abtropfen lassen. Auf Essschalen verteilen.

4. Die Nudeln mit der Brühe übergießen, dann Tofu, Pak Choi, Koriander, Minze, Sojasprossen, Chilis, Limetten, Thai-Basilikum und Sriracha-Sauce hinzufügen. Letztere ist optional, aber meiner Meinung nach macht sie die Sache erst wirklich rund.

ANMERKUNG

Dieses Rezept ist glutenfrei.

ZUTATEN (5 Portionen)

Für die Brühe

2 weiße Zwiebeln

20 g frischer Ingwer, in Scheiben geschnitten

4 EL geschmacksneutrales Pflanzenöl

2 EL Korianderkörner

2 Sternanis

1 Zimtstange

1 EL schwarze Pfefferkörner

2 Karotten, gewürfelt

1 Mairübe, gewürfelt

5 EL Sojasauce

3 EL feinkörniges Salz

3 EL Puderzucker

Für die Suppe

4 Pak Choi

500 g breite Reisnudeln

1 Block fester Tofu, in Scheiben geschnitten

ein paar Zweige frischer Koriander und frische Minze

ein paar Sojasprossen

2 frische rote Chilischoten, fein gehackt

1 unbehandelte Limette, geviertelt

ein paar Zweige frisches Thai-Basilikum

Sriracha-Sauce (optional)

MISO RAMEN

Miso Ramen *ist eine japanische Nudelsuppe mit Misopaste. Sie ist auch eine der am häufigsten konsumierten Ramen-Suppen in Japan und wird vielfach variiert. Die berühmte Misopaste wird aus fermentierten Sojabohnen hergestellt und hat einen starken Umami-Geschmack: Sie ist die »Geheimwaffe«, um Ihrer Brühe Tiefe und Geschmack zu verleihen. Verwenden Sie für dieses Rezept helle Miso, die nicht so intensiv schmeckt wie die dunkleren Sorten.*

1. Einen kleinen Topf bei mittlerer Temperatur erhitzen. Sobald er heiß ist, 1 EL vom Öl heineingeben und den Tofu sowie die dunkle Sojasauce unterrühren. 4 bis 5 Minuten köcheln lassen, dann in einer Schale beiseitestellen.

2. Die Pilze 5 Minuten im restlichen Öl anbraten, bis sie goldbraun und zart sind. Schalotten, Knoblauch und Ingwer unterrühren und 2 bis 3 Minuten mitanbraten.

3. Misopaste, helle Sojasauce, Reisessig und Knoblauch-Sesam-Öl unterrühren. Die Gemüsebrühe dazugeben und alles kurz aufkochen. Die Temperatur reduzieren und alles 20 Minuten ganz sanft köcheln lassen.

4. Die Nudeln nach Packungsanleitung garen, abgießen, mit eiskaltem Wasser abschrecken und abtropfen lassen. Auf Essschalen verteilen.

5. Jede Schale mit 2 Schöpflöffeln Brühe aufgießen. Mit Tofu, Mais, Frühlingszwiebeln und Sesam garnieren. Nach Belieben mit etwas zusätzlichem Knoblauch-Sesam-Öl beträufeln.

ZUTATEN (2 Portionen)

- 2 EL geschmacksneutrales Pflanzenöl
- 1 Block weicher Tofu, zerkrümelt
- 1 EL dunkle Sojasauce
- 7 Shiitake-Pilze, gehackt
- 2 Schalotten, gehackt
- 3 Knoblauchzehen, gehackt
- 1 Stück Ingwer, gerieben
- 2 EL helle Misopaste
- 2 EL helle Sojasauce
- 1 EL Reisessig
- 2 EL Scharfes Knoblauch-Sesam-Öl (siehe Grundrezept S. 10)
- 1 l Gemüsebrühe

Zum Anrichten

- 200 g Ramen-Nudeln
- 4 EL Mais (TK oder Dosenware)
- 3 Frühlingszwiebeln, in feine Ringe geschnitten
- 2 EL Sesamsamen, angeröstet
- Scharfes Knoblauch-Sesam-Öl (siehe Grundrezept S. 10)

SHOYU RAMEN

Shoyu Ramen *ist ein Ramen-Nudelgericht, gewürzt mit* Shoyu, *dem japanischen Wort für Sojasauce.* Shoyu *ist eine von vier Arten von* tare *(Würzsaucen), die zum Aromatisieren der Brühe verwendet werden, die anderen drei sind* Shio Ramen *(Salz-Ramen),* Miso Ramen *(Salz-Ramen mit Misopaste) und* Tonkotsu Ramen *aus Schweineknochenbrühe.*

1. Für die Brühe 500 ml Wasser mit dem Kombu bei geringer Temperatur sanft erhitzen (etwa 60 °C). Vom Herd nehmen, abgedeckt 5 Minuten ziehen lassen, dann abseihen und zurück in den Topf gießen.

2. Die Gemüsebrühe unterrühren und alles bei geringer Temperatur erhitzen, dann die Pilze untermengen.

3. Für die Würzsauce eine Pfanne erhitzen. Sesamöl, Knoblauch und Ingwer etwa 30 Sekunden darin anbraten. Sojasauce und Mirin unterrühren und die Mischung vom Herd nehmen. Löffelweise in die Brühe rühren, bis sie nach Wunsch gewürzt ist.

4. Zum Anrichten die Nudeln nach Packungsanleitung in einem großen Topf in Wasser garen, abgießen, mit eiskaltem Wasser abschrecken, abtropfen lassen und auf Essschalen verteilen.

5. In einer Pfanne den Hähnchenfleischersatz im Sesamöl goldbraun anbraten und dann beiseitestellen.

6. Die Brühe über die Nudeln gießen. Dann den Hähnchenfleischersatz, die Pilze aus der Brühe und die Frühlingszwiebeln auf die Schalen verteilen, zuletzt einen Spritzer Sesamöl und optional etwas Knoblauch-Sesam-Öl darüberträufeln (oder Shichimi Togarashi darüberstreuen). Ganz zum Schluss die Nori-Blätter am Rand platzieren, damit sie nicht zu schnell aufweichen.

ZUTATEN (2 Portionen)

Für die Brühe

1 Stück Kombu

500 ml Gemüsebrühe

2 Shiitake-Pilze, in Scheiben geschnitten

4 weiße Champignons, in Scheiben geschnitten

80 g Enoki-Pilze

Für die Würzsauce

1 EL Sesamöl

2 Knoblauchzehen, gerieben

2 TL frischer Ingwer, gerieben

3 EL Sojasauce

1 EL Mirin

Zum Anrichten

200 g Ramen-Nudeln

einige Stücke Hähnchenfleischersatz nach Wahl

1 EL Sesamöl

2 Frühlingszwiebeln, in feine Ringe geschnitten

optional etwas Scharfes Knoblauch-Sesam-Öl (siehe Grundrezept S. 10) oder Shichimi Togarashi

2 Blätter Nori, halbiert

20-MINUTEN-RAMEN

Manchmal mag ich es simpel und koche mit nur einer Handvoll Zutaten – wie bei diesen wohltuenden, texturreichen und aromatischen Ramen-Nudeln.

1. Die Hälfte der Brühe mit dem Ingwer und dem Knoblauch bei mittlerer Temperatur in einen Topf geben. Zum Sieden bringen und 5 Minuten köcheln lassen.

2. Die restliche Brühe mit der Misopaste in einer Schüssel mit dem Schneebesen verquirlen, bis eine glatte Mischung entsteht. Die Mischung unter die Ingwer-Knoblauch-Brühe rühren und die Petersilie, die Sojasauce, das Salz und die Frühlingszwiebeln unterrühren. Zum Kochen bringen, dann etwa 5 Minuten sanft köcheln lassen, bis die Frühlingszwiebeln weich sind.

3. Die Ramen-Nudeln in die Brühe geben und garen lassen, bis sie weich sind.

4. Zum Anrichten Nudeln mit Brühe in eine Essschale geben und mit Frühlingszwiebel und Sesam bestreuen. Um das Ganze aufzupeppen, optional mit 1 Spritzer Knoblauch-Sesam-Öl beträufeln.

ZUTATEN (1 Portion)

500 ml Gemüsebrühe

1 kleines Stück frischer Ingwer, gehackt

2 Knoblauchzehen, gehackt

1 EL helle Misopaste

ein paar Zweige frische Petersilie

1 EL Sojasauce

1 EL feinkörniges Salz

5 EL Frühlingszwiebeln, in feine Ringe geschnitten

100 g Ramen-Nudeln

Zum Anrichten

1 Frühlingszwiebel, in feine Ringe geschnitten

Sesamsamen

optional 1 Spriter Scharfes Knoblauch-Sesam-Öl (siehe Grundrezept S. 10)

KITSUNE UDON

Kitsune *bedeutet wörtlich übersetzt »Fuchs«. Inari Ōkami ist im japanischen Shintō-Glauben die Gottheit der Fruchtbarkeit und Landwirtschaft, mit einer Dienerschaft aus Füchsen im Gefolge. Der Legende nach lieben diese Füchse* Aburaage *(frittierten Tofu), weshalb »Inari« oder »Kitsune« im Namen vieler Gerichte auftaucht, die* Aburaage *enthalten. Im Fall von* Kitsune Udon *besteht die Leckerei aus einer reichhaltigen Brühe mit Sojasauce, Sake und Zucker, angereichert mit Udon-Nudeln und einem Stück frittiertem Tofu.*

1. Für die Brühe die angegebenen Zutaten in einen Topf geben und 15 Minuten köcheln lassen. Den Herd ausschalten, den Topf abdecken und alles noch 5 Minuten nachgaren lassen. Nach Belieben abschmecken.

2. Zum Anrichten zunächst den *Aburaage* einige Minuten in einem kleinen Topf in kochendem Wasser garen. Sojasauce, Sake, Mirin und Zucker hinzufügen und alles 10 Minuten köcheln lassen. Den *Aburaage* abgießen, abtropfen lassen und in 4 Dreiecke schneiden.

3. Die Nudeln nach Packungsanleitung garen, abgießen, mit eiskaltem Wasser abschrecken, abtropfen lassen und auf Essschalen verteilen.

4. Die Brühe über die Nudeln gießen und das Gericht mit *Aburaage* und Frühlingszwiebeln garnieren.

ZUTATEN (2 Portionen)

Für die Brühe

800 ml Gemüsebrühe (oder vegane *Dashi*)

2 EL Sojasauce

2 EL Mirin

½ EL Salz

Zum Anrichten

2 Stück *Aburaage* (frittierter Tofu)

1 EL Sojasauce

1 EL Sake

1 EL Mirin

1 EL Puderzucker

2 Packungen Udon-Nudeln

2 Frühlingszwiebeln, in feine Ringe geschnitten

UDON-CURRY

Dieses Gericht ist die perfekte Kombination aus Udon-Suppe *und japanischem* Katsu-Curry. *Die wesentliche Zutat in diesem Rezept ist das Golden Curry (japanische Instant-Curry-Würfel). Es verleiht der Brühe Tiefe und einen reichen, intensiven Geschmack. Das vegane* Tonkatsu *(panierte Schnitzel) sollte man vorab zubereiten, das Curry schmeckt aber auch ohne dieses Extra super lecker.*

1. Für das vegane *Tonkatsu* die Zucchini in Scheiben schneiden (nicht zu dick, etwa 5 mm dünn). Wasser, Panko und Mehl in drei tiefe Teller geben. Die Scheiben in Wasser tauchen und dann im Mehl wenden und den Vorgang 2-mal mit Mehl wiederholen; dann 2-mal mit Panko wiederholen. In einer hohen Pfanne por-tionsweise in heißem Öl bei mittlerer Temperatur goldbraun frittieren. Beiseitestellen.

2. Für das Curry zunächst den Hähnchenfleischersatz in 1 EL Öl in einer Pfanne goldbraun anbraten. Beiseitestellen.

3. Die Zwiebel in einem Topf im restlichen Öl glasig anschwitzen. Mit der Gemüsebrühe aufgießen, die Karotte unterrühren und alles zum Kochen bringen. Sobald die Karotte gar ist, die Nudeln dazugeben, dann nach 2 Minuten Garzeit den halben Curry-Würfel zerkrümeln und nach und nach unterrühren. Den Hähnchenfleischersatz und optional das *Tonkatsu* unterrühren.

4. Zum Anrichten die Mischung auf Essschalen verteilen. Das Frühlingszwiebel-Öl mit der Frühlingszwiebel vermischen und das Gericht damit garnieren.

ZUTATEN (2 Portionen)

Für das vegane *Tonkatsu* (optional)

100 g Pankobrösel

100 g Weizenmehl Type 405

1 große Zucchini

geschmacksneutrales Pflanzenöl (zum Frittieren)

Für das Curry

einige Stücke Hähnchenfleischersatz nach Wahl

3 EL geschmacksneutrales Pflanzenöl

1 braune Zwiebel, fein gehackt

600 ml Gemüsebrühe

1 Karotte, grob gewürfelt

200 g frische vorgekochte und vakuumverpackte Udon-Nudeln

½ japanischer Golden-Curry-Würfel, zerkrümelt

Zum Anrichten

3 EL Frühlingszwiebel-Öl (siehe Grundrezept S. 11)

1 Frühlingszwiebel, in feine Ringe geschnitten

LAKSA

Laksa ist eine würzige Kokosnuss-Nudelsuppe, die herrlich aromatisch duftet. Bunt, nahrhaft, lecker und sättigend, ist es ein Standardgericht in Malaysia, das auch in Singapur sehr beliebt ist. Die Würzpaste sollte man selbst herstellen, weil sie so authentischer schmeckt. Die Mühe lohnt sich!

1. Für die Würzpaste die angegebenen Zutaten (bis auf das Öl und die trockenen Gewürze) im Universalzerkleinerer zu einer Paste verarbeiten.

2. Das Öl in einem großen Topf erhitzen, die Paste hineingeben und bei schwacher Temperatur unter Rühren 10 Minuten anbraten. Die trockenen Gewürze hinzufügen und 3 Minuten mitanbraten.

3. Für die Suppe die Würzpaste mit Gemüsebrühe aufgießen, gut umrühren und zum Kochen bringen, dann 30 Minuten sanft köcheln lassen. Die Kokosmilch, den braunen Zucker sowie den Limettensaft hinzufügen und alles mit Salz abschmecken. Nochmals einige Minuten köcheln lassen und nach Geschmack nachwürzen.

4. Zum Anrichten noch während die Brühe köchelt in zwei weiteren Töpfen das Gemüse al dente dämpfen und die Nudeln nach Packungsanleitung garen, dann abschrecken und abtropfen lassen.

5. Das Gemüse in die Brühe geben und nochmals 5 Minuten garen.

6. Brühe, Gemüse und Nudeln in Essschalen geben, Tofu, Sprossen, Koriander und Limetten darauf verteilen.

ZUTATEN (2 Portionen)

Für die Würzpaste

2 mittelgroße Schalotten, gehackt

4 Knoblauchzehen, gehackt

1 Stängel Zitronengras, gehackt

2 cm frische Kurkumawurzel, gehackt (oder 1 TL Kurkumapulver)

4 cm frischer Ingwer, gehackt

3 frische rote Chilischoten, gehackt

2 EL Nori, zerkrümelt

70 g Cashewkerne

1 Handvoll frische Korianderblättchen

2–3 EL geschmacksneutrales Pflanzenöl

1 EL gemahlene Korianderkörner

1 EL gemahlener Kreuzkümmel

2 TL Paprikapulver

Für die Suppe

500 ml Gemüsebrühe

200 ml Kokosmilch

1 EL brauner Zucker

Saft von 1 Limette

etwas Salz

Zum Anrichten

5 Brokkoli-Röschen

½ Karotte, in Scheiben geschnitten

5 braune Champignons

200 g Reisbandnudeln

1 Block Tofu, in Würfel geschnitten

Mungbohnensprossen

½ Bund frischer Koriander

2 Limettenspalten

MiSUA-SUPPE

Misua *sind sehr dünne, herzhafte Weizennudeln aus Fujian in China. In der chinesischen Kultur bedeutet* misua *»langes Leben«, und dieses Gericht ist ein traditionelles Geburtstagsessen. Die Suppe wird oft mit Meeresfrüchten oder Fleisch serviert, hier kommt aber eine vegane Variante mit gebratenem Tofu.*

1. Für den gebratenen Tofu das Öl in einer Pfanne erhitzen und den Tofu darin goldbraun anbraten. Auf einem Teller beiseitestellen.

2. Für den frittierten Knoblauch das Öl in einen großen Topf geben und den Knoblauch darin anbraten, salzen und regelmäßig umrühren. Sobald der Knoblauch knusprig und goldbraun ist, ihn mit einem Schaumlöffel auf Küchenkrepp geben und abtropfen lassen. Das Öl im Topf belassen.

3. Für die Suppe im selben Topf nun die Zwiebel und die Tomate anbraten, bis sie weich und karamellisiert sind. Mit der Gemüsebrühe aufgießen, den Pak Choi dazugeben und alles 5 Minuten köcheln lassen.

4. Austernsauce und Nudeln hinzufügen und alles weitere 5 Minuten köcheln lassen. Mit Salz und Pfeffer würzen.

5. Die Suppe auf Essschalen verteilen. Mit der Frühlingszwiebel garnieren und den frittierten Knoblauch sowie die Tofuwürfel darauf verteilen.

ZUTATEN (2 Portionen)

Für den gebratenen Tofu

2 EL geschmacksneutrales Pflanzenöl

½ Block fester Tofu, in Würfel geschnitten

Für den frittierten Knoblauch

4 EL geschmacksneutrales Pflanzenöl

6 Knoblauchzehen, in Scheiben geschnitten

½ TL Salz

Für die Suppe

1 Zwiebel, gehackt

1 Tomate, in Würfel geschnitten

600 ml Gemüsebrühe

2 Pak Choi, in Viertel geschnitten

1 EL vegane Austernsauce (siehe Grundrezept S. 20)

200 g Misua-Nudeln (»Engelshaar«)

Salz und schwarzer Pfeffer aus der Mühle

1 Frühlingszwiebel, in feine Ringe geschnitten

CREMIGE CURRY-KOKOS-RAMEN

Für dieses Rezept benötigen Sie nur wenige Zutaten und lediglich 20 Minuten Zubereitungszeit. Die Kokosnuss-Curry-Basis schmeckt einfach himmlisch und verleiht der Brühe eine zusätzliche Dimension an Wärme, Würze und Süße.

1. In einer Pfanne im Sesamöl den Knoblauch, die Frühlingszwiebeln und die Karotte 5 Minuten anbraten, dann die Gewürze hinzufügen. Alles ein paar Minuten anrösten, dann mit dem Limettensaft, der Brühe und der Kokosmilch aufgießen.

2. Zum Kochen bringen und 10 Minuten bei geringer Temperatur köcheln lassen. Mit Salz sowie Pfeffer abschmecken und durch Unterrühren der Maisstärke leicht eindicken.

3. Die Nudeln zum Curry geben, 5 Minuten mitköcheln lassen und alles in Essschalen füllen.

4. Mit Koriander, Frühlingszwiebel (und optional Tofu) garnieren.

ZUTATEN (3 Portionen)

- 3 EL Sesamöl
- 8 Knoblauchzehen, gehackt
- 4 Frühlingszwiebeln, in feine Ringe geschnitten
- 1 große Karotte, in dünne Scheiben geschnitten
- 2 TL Zwiebelpulver
- 1 TL Knoblauchgranulat
- ½ TL gemahlener Ingwer
- 1½ TL Currypulver
- 1 TL Kurkumapulver
- 1 TL Paprikapulver
- 1 TL grüne Currypaste
- Saft von 1 Limette
- 1 l Gemüsebrühe
- 400 ml Kokosmilch
- Salz und schwarzer Pfeffer aus der Mühle
- 2 EL Maisstärke, mit Wasser angerührt
- 250 g chinesische Weizennudeln (Typ Ramen)

Zum Garnieren

- ein paar Zweige frischer Koriander, gehackt
- 1 Frühlingszwiebel, in feine Ringe geschnitten
- weicher Tofu (optional), in Scheiben geschnitten

RAMEN MIT EDLEN PILZEN

Ramen zuzubereiten kann sehr einfach sein, aber die besten Rezepte sind etwas komplexer. Das fängt mit einer guten Brühe an, aber es gibt noch weitere Elemente, die hinzukommen. Getrocknete Shiitake sorgen für einen kräftigen erdigen Geschmack, getrocknete Steinpilze für ein elegantes Umami, Enoki für eine unvergleichliche Süße und sonnengetrocknete Tomaten unterstreichen den Geschmack, ganz abgesehen von den Toppings, die das Ganze perfekt ergänzen.

1. Für die Brühe bereits am Vortag Kombu, getrocknete Pilze, getrocknete Tomaten und Sojabohnen in einem Topf in 1 l Wasser einweichen.

2. Den Kombu entsorgen. Die Tomaten klein schneiden und auf einem Teller beiseitestellen, die Pilze und die Sojabohnen im Topf lassen. Chinakohl, rote Paprika, Enoki, Champignons und Zwiebeln mit in den Topf geben. 2 Stunden bei geringer Temperatur köcheln lassen. Abseihen. Brühe und Pilze/Sojabohnen separat beiseitestellen.

3. In einem kleinen Topf Ahornsirup, Mirin, Sake, Sojasauce, Zucker, Salz und Miso vermischen und 3 Minuten köcheln lassen. Nach und nach in die Brühe gießen und unterrühren.

4. Für die gebratenen Pilze die Pilze klein schneiden und mit Sojabohnen, Sesamöl und Sojasauce in einer Pfanne goldbraun anbraten.

5. Die Nudeln nach Packungsanleitung garen, dann mit eiskaltem Wasser abschrecken und abtropfen lassen. In Essschalen geben.

6. Die Brühe über die Nudeln gießen. Pilze, Bambussprossen, Tomaten, Frühlingszwiebeln, etwas Knoblauch-Sesam Öl (und optional Hähnchenfleischersatz) darauf verteilen.

ZUTATEN (2 Portionen)

Für die Brühe

1 Stück Kombu

2 getrocknete Shiitake-Pilze

3 getrocknete Steinpilze

4 getrocknete Tomaten

10 g gelbe Sojabohnen

4 Blatt Chinakohl

1 rote Paprika, in dünne Streifen geschnitten

100 g Enoki-Pilze

3 braune Champignons

1 große Zwiebel, fein gehackt

2 EL Ahornsirup

2 EL Mirin

1 EL Sake

2 EL helle Sojasauce

1 TL Puderzucker

1 TL feinkörniges Salz

1 EL helle Misopaste

Für die gebratenen Pilze

2 EL Sesamöl

2 EL helle Sojasauce

Zum Anrichten

200 g asiatische Weizennudeln (Typ Ramen)

ein paar eingelegte Bambussprossen

2 Frühlingszwiebeln, in feine Ringe geschnitten

Scharfes Knoblauch-Sesam-Öl (siehe Grundrezept S. 10)

Hähnchenfleischersatz (optional), in der Pfanne angebraten

WEITERE WARME NUDEL-GERICHTE

DANDAN-NUDELN

Meiner Meinung nach eines der besten Nudelgerichte der Welt! Es ist ein Streetfood-Klassiker aus der Region Szechuan in China, der in einer einfachen Schüssel Nudeln unglaublich viele Aromen vereint.

1. Die Nudeln nach Packungsanleitung garen, dann abgießen, mit eiskaltem Wasser abschrecken und abtropfen lassen. In eine Essschale geben.

2. Für die Sauce die angegebenen Zutaten in einer Schale mit 1–2 EL Wasser vermischen. Beiseitestellen.

3. Für das Pilzragout die Pilze und die Schalotte in einer Pfanne im Sesamöl anbraten, dann Sojasauce, Shaoxing und Puderzucker unterrühren.

4. Die Nudeln mit der Sauce übergießen, das Pilzragout darauf verteilen und alles mit Frühlingszwiebeln garnieren.

ZUTATEN (1 Portion)

100 g asiatische Weizennudeln (Typ Ramen, Udon oder Sōmen)

Für die Sauce

3 EL Lao Gan Ma (scharfe chinesische Sauce) oder Scharfes Knoblauch-Sesam-Öl (siehe Grundrezept S. 10)

2 TL Sesammus

2 EL helle Sojasauce

1 TL Sesamöl

1 EL schwarzer Reisessig

1 Prise Szechuanpfeffer

1 Knoblauchzehe, gehackt

Für das Pilzragout

6 große Champignons, fein gehackt

1 Schalotte, gehackt

1 EL Sesamöl

1 EL dunkle Sojasauce

2 EL Shaoxing-Reiswein

1 TL Puderzucker

Zum Anrichten

2 Frühlingszwiebeln, in feine Ringe geschnitten

BIANG-BIANG-NUDELN

Wenn Sie noch nie von Biang-Biang-*Nudeln gehört haben, kommt Ihnen der Name vielleicht seltsam vor. Er leitet sich von dem Geräusch ab, das man hört, wenn man den Teig auf die Arbeitsplatte »klopft«, um den Nudelteig in die Länge zu ziehen.*

1. Für den Teig das Mehl und das Salz in einer Schüssel vermischen. Nach und nach 200 ml Wasser einarbeiten, zuerst mit Kochstäbchen, dann mit den Händen. 5 Minuten kneten und den Teig zu einer Kugel formen. Den Teig einölen und abgedeckt 45 Minuten im Kühlschrank ruhen lassen.

2. Den Teig in 12 gleich große Stücke aufteilen, zu kleinen Strängen formen und gut einölen. Abdecken und 30 Minuten bei Zimmertemperatur ruhen lassen.

3. Mit dem Nudelholz einen ersten Teigstrang zu einem Rechteck ausrollen (etwa 20 cm lang und 4 cm breit). Mit einem Kochstäbchen eine Längsfalte in der Mitte markieren (um die Nudeln später zu trennen).

4. Das Teigrechteck von der Arbeitsfläche lösen, es an beiden Enden festhalten und vorsichtig der Länge nach ausdehnen, indem man es schwingend auf die Arbeitsfläche »klopft«. Die Nudel an der markierten Linie in zwei Hälften teilen. 2 bis 3 Minuten in sprudelnd kochendem Wasser garen, in ein Eisbad heben und abtropfen lassen. Den restlichen Teig auf die gleiche Weise zu Nudeln verarbeiten.

5. Für das Topping den Pak Choi (oder Spinat) 2 bis 3 Minuten in einem Topf in kochendem Wasser blanchieren, dann abgießen, in eine Schüssel mit Eiswasser tauchen und abtropfen lassen.

6. Das Öl in einem großen Topf erhitzen. Knoblauch, Frühlingszwiebeln, Gochugaru, Sesam, Sojasauce sowie Essig unterrühren und alles 1 Minute köcheln lassen. Den Pak Choi (oder Spinat) untermischen, dann ganz zuletzt die Nudeln unterheben und das Gericht sofort auf Essschalen verteilen.

7. Mit der restlichen Frühlingszwiebel bestreuen.

ZUTATEN (4 Portionen)

Für den Teig

400 g Weizenmehl Type 405

1 EL feinkörniges Salz

1 EL geschmacksneutrales Pflanzenöl

Für das Topping

1 Pak Choi (oder 1 Handvoll Spinat)

2 EL geschmacksneutrales Pflanzenöl

2 Knoblauchzehen, gehackt

2 Frühlingszwiebeln (plus 1 Frühlingszwiebel extra zum Garnieren), in feine Ringe geschnitten

2 EL Gochugaru-Flocken (koreanische Chiliflocken)

1 EL Sesamsamen

2 EL leichte Sojasauce

2 EL Reisessig

Sōmen mit kandierten Miso-Artischocken

Die Idee zu diesem Rezept kam mir vor ein paar Jahren, als eine Dose Artischockenherzen in meinem Schrank herumstand. Als Kind habe ich immer Artischocken mit Vinaigrette gegessen. Mit diesem Rezept nun wollte ich meinen Geschmackshorizont erweitern. Also habe ich die Artischocken in einer am Vortag zubereiteten Miso-Butter geröstet, sie dann ganz sanft kandiert und mit einem Spritzer Zitronensaft abgelöscht. Ich war vom ersten Bissen an von diesem Gaumenschmaus begeistert. Die Miso-Butter kann einige Tage im Kühlschrank aufbewahrt werden.

1. Für die Miso-Butter die Butter, die Misopaste, den Knoblauch und die Sauce im Universalzerkleinerer zu einer homogenen Masse verarbeiten. Auf Backpapier zu einer Rolle formen und in den Kühlschrank geben.

2. Für die Artischocken in einer Bratpfanne 2 EL Öl erhitzen und die Artischocken darin anbraten.

3. 4 EL von der Miso-Butter, den Puderzucker, die Sojasauce und 80 ml Wasser in die Pfanne zu den Artischocken geben und verrühren. Die Artischocken langsam karamellisieren lassen.

4. Zum Anrichten die Nudeln nach Packungsanleitung garen. Mit eiskaltem Wasser abschrecken und abtropfen lassen. Mit 1 EL Öl vermischen und auf einen tiefen Teller geben.

5. Die karamellisierten Artischocken auf die Nudeln geben und den Bratsaft in der Pfanne mit Zitronensaft ablöschen.

6. Den Bratsaft über die Nudeln träufeln und die Frühlingszwiebeln darüberstreuen.

ZUTATEN (1 Portion)

Für die Miso-Butter

150 g weiche vegane Butter

4 EL dunkle Misopaste

2 Knoblauchzehen, gehackt

1 EL Sriracha-Sauce

Für die Artischocken

3 EL geschmacksneutrales Pflanzenöl

1 Dose Artischockenherzen, abgetropft

4 EL Miso-Butter

1 EL Puderzucker

1 EL Sojasauce

Saft von ½ Zitrone

Zum Anrichten

100 g dünne Sōmen-Nudeln

3 Frühlingszwiebeln, in feine Ringe geschnitten

UDON CARBONARA NACH JAPANISCHER ART

Spaghetti Carbonara *ist ein italienischer Klassiker, aber Udon-Nudeln passen so gut zu einer cremigen Sauce, dass ich mich für eine asiatische Variante entschieden habe. Ich möchte betonen, dass es sich hierbei nicht um eine authentische* Carbonara-*Zubereitung handelt, sondern um eine* Carbonara *»nach japanischer Art«. Italienische Nudelgerichte sind in Japan beliebt und* Spaghetti Carbonara *ist eines davon, aber das Rezept ist anders, da für die Sauce statt Pecorino und Parmesan Sahne verwendet wird, weil Käse als Zutat in Japan nicht üblich ist. Dieses Rezept nutzt vegane Sahne und zusätzlich Misopaste, um dem Gericht eine asiatische Note zu verleihen.*

1. Die Nudeln in einem mikrowellenfesten Gefäß in der Mikrowelle gemäß Packungsanleitung auftauen.

2. Eine Bratpfanne bei mittlerer Temperatur erhitzen, Öl, Knoblauch, veganen Speck (oder Tofu) hinzufügen und goldbraun anbraten. Beiseitestellen.

3. Für die Sauce in einer Schale die vegane Sahne, die Misopaste und das Backmalz vermischen.

4. Die Nudeln 1 Minute in der Mikrowelle erhitzen und dann die Sauce hinzufügen. Alles gut vermischen und mit Salz sowie Pfeffer abschmecken.

5. Auf zwei Tellern mit dem gerösteten veganen Speck/Tofu und dem Knoblauch anrichten.

ZUTATEN (2 Portionen)

200 g tiefgefrorene Udon-Nudeln

1 EL geschmacksneutrales Pflanzenöl

1 Knoblauchzehe, gehackt

75 g veganer Speck oder ½ Block Räuchertofu, in dünne Stifte geschnitten

Für die Sauce

100 ml vegane Sahne

2 TL helle Misopaste

1 TL Backmalz

Salz und Pfeffer aus der Mühle

KiMCHi-UDON

Dieses starke Trio aus veganer Butter, Kimchi *und Gochujang ist meine bisher unübertroffene Lieblingskombination, denn die reichhaltigen, intensiven* Kimchi-*Aromen passen wirklich perfekt zu den dicken Udon-Nudeln und die Sauce ist super cremig.*

1. In einer Pfanne die vegane Butter schmelzen lassen. Knoblauch, Pilze und *Kimchi* dazugeben und bei geringer Temperatur 5 Minuten anbraten. Die Sojasauce hinzufügen, Gochugaru, Gochujang sowie 2 EL Wasser unterrühren und die Sauce einige Minuten einkochen lassen.

2. Die Udon 30 Sekunden in einem mikrowellenfesten Gefäß in der Mikrowelle erhitzen und dann in eine Essschale geben.

3. Die Sauce über die Udon geben und alles mit Frühlingszwiebeln sowie Sesam garnieren.

ZUTATEN (1 Portion)

3 EL vegane Butter

3 Knoblauchzehen, gehackt

4 Champignons, in dünne Scheiben geschnitten

110 g *Kimchi*, gehackt

1 EL Sojasauce

1 EL Gochugaru (koreanisches Chilipulver oder -flocken)

1 EL Gochujang (koreanische Chilipaste)

Zum Anrichten

100 g frische vorgekochte und vakuumverpackte Udon-Nudeln

1 Frühlingszwiebel, gehackt

Sesamsamen

RABOKKI

Rabokki *(라볶이) ist das koreanische Wort für* Ra Myeon *(라면, Instant-Ramen) und* Tteokbokki *(ein Gericht aus länglichen Reisküchlein) und – besonders bei Teenagern – ein beliebter koreanischer Gaumenschmaus.* Rabokki *hat einen würzigen, köstlichen Geschmack, der süchtig macht, und man wird zu einem relativ niedrigen Preis richtig gut satt. Das ist wahrscheinlich der Grund, warum* Rabokki *so beliebt ist.*

1. Die Brühe in einen Topf oder in einen Wok gießen. Gochujang, Gochugaru, Sojasauce sowie Puderzucker unterrühren und alles bei hoher Temperatur zum Kochen bringen. Knoblauch, Frühlingszwiebeln und Karotte hinzufügen. Zum Kochen bringen und 10 Minuten sanft köcheln lassen.

2. Die *Tteok* hinzufügen und 5 Minuten mitköcheln lassen. Dann die Nudeln in die Brühe geben und in 5 Minuten garen.

3. In Essschalen füllen und mit Frühlingszwiebel sowie Sesam und optional Käse garnieren.

ZUTATEN (2 Portionen)

400 ml Gemüsebrühe

2 EL Gochujang (koreanische Chilipaste)

1 EL Gochugaru (koreanisches Chilipulver oder -flocken)

2 EL Sojasauce

2 EL Puderzucker

5 Knoblauchzehen, gehackt

2–3 Frühlingszwiebeln, grob gehackt

1 Karotte, geraspelt

10 *Tteok* (längliche koreanische Reisküchlein)

2 Packungen Instant-Ramen-Nudeln

Zum Anrichten

1 Frühlingszwiebel, in feine Ringe geschnitten

1 EL Sesamsamen

100 g veganer Käse (optional), gerieben oder gewürfelt

KÖSTLICHE INSTANT-NUDELN

Instant-Nudeln sind die perfekte Mahlzeit für Kochmuffel. Wenn ich sie gelegentlich esse, mische ich sie gerne mit einem würzigen Öl voller Aromen. Letzteres lässt sich in nur fünf Minuten zubereiten. Dann werden die Nudeln untergemischt – so schnell geht dieses Rezept! Das Ergebnis ist eine leichte, würzige Sauce, die die Nudeln gleichmäßig umhüllt und absolut köstlich schmeckt. Diese Chili-Knoblauch-Nudeln sind perfekt ausgewogen im Geschmack: süß, salzig, mit säuerlicher Note und leicht würzig. Kurzum, ein Geschmack, der den Gaumen kitzelt, ihn aber nicht betäubt.

1. Die Nudeln nach Packungsanleitung garen, abgießen, mit eiskaltem Wasser abschrecken, abtropfen und beiseitestellen.

2. Den Knoblauch, das Gochugaru, den braunen Zucker, die Sojasauce, den Reisessig, den Sesam und die Frühlingszwiebeln in eine hitzebeständige Schüssel geben und vermischen.

3. In einem kleinen Topf das Öl bei hoher Temperatur erhitzen. Das heiße Öl in die Schüssel mit den vermischten Zutaten gießen, die Nudeln unterheben. In eine Essschale füllen,mit Frühlingszwiebeln sowie Sesam bestreuen und heiß servieren!

ZUTATEN (1 Portion)

100 g Instant-Nudeln (hier Typ Ramen)

3 Knoblauchzehen, gehackt

1 EL Gochugaru (koreanisches Chilipulver oder -flocken)

½ EL brauner Zucker

2 EL dunkle Sojasauce

1 EL Reisessig

1 TL Sesamsamen

2 Frühlingszwiebeln, grob gehackt

3 EL geschmacksneutrales Pflanzenöl

Zum Anrichten

3 Frühlingszwiebeln, in feine Ringe geschnitten

1 EL Sesamsamen

JAJANGMYEON

Jajangmyeon *(*자장면*), in China auch* Zha Jiang Mian *genannt, ist ein Nudelgericht, das mit einer Sauce aus* Chunjang *(einer salzigen schwarzen Bohnenpaste) sowie Fleisch und Gemüse den Gaumen betört. Wenn man zu diesem Gericht koreanisch-chinesischen Ursprungs Reis serviert, nennt man es* Jajangbap. *Die koreanische chinesische Küche, auch* Junghwa Yori *genannt, wurde von den ersten chinesischen Einwanderern in Korea entwickelt. Es gibt viele Theorien darüber, wann dieses Gericht erstmals in Korea auftauchte, aber der bekanntesten nach stammt das erste* Jajangmyeon *aus dem Restaurant Gonghwachun in Chinatown in Incheon, Korea.*

1. In einer Pfanne in 1 EL Öl die *Chunjang* bei mittlerer Temperatur anbraten, bis in der Mitte Blasen zu sehen sind. Beiseitestellen.

2. In einen Wok 3 EL Öl erhitzen und die Pilze goldbraun darin anbraten, dann die Frühlingszwiebel untermengen und mitanbraten, bis sie duftet, dann den Ingwer, den Knoblauch und den Puderzucker unterrühren. Die Zwiebel, den Kohl und die Zucchini dazugeben und leicht anbräunen. Die Austernsauce und die Sojasauce unterrühren, gefolgt von der angebratenen *Chunjang*. Alles gut verrühren und dann mit der Brühe aufgießen. Zum Kochen bringen, 10 Minuten köcheln lassen und mit Salz abschmecken. Unter Rühren die angerührte Maisstärke hinzufügen, um die Sauce einzudicken.

3. Die Nudeln nach Packungsanleitung garen, abgießen, mit eiskaltem Wasser abschrecken und abtropfen lasssen.

4. In Suppentellern anrichten, dabei die Nudeln auf die eine Seite und die Sauce auf die andere Seite geben. Die Gurkenstifte mittig darauflegen und den Danmuji dazu servieren.

5. Vor dem Genießen die Nudeln und die Sauce gut vermischen.

ZUTATEN (2 Portionen)

100 ml geschmacksneutrales Pflanzenöl

3 EL Chunjang (schwarze Bohnenpaste)

180 g Champignons, in Stücke geschnitten

1 Frühlingszwiebel, fein gehackt

½ cm frischer Ingwer, fein gehackt

1 EL Knoblauch, fein gehackt

2 EL Puderzucker

1 Zwiebel, gehackt

2 Kohlblätter, gehackt

½ Zucchini, gewürfelt

1 EL vegane Austernsauce (siehe Grundrezept S. 20)

1 EL Sojasauce

500 ml Gemüsebrühe

1 EL Maisstärke mit 1 EL Wasser angerührt

150 g breite asiatische Nudeln

Gurke, in dünne Stifte geschnitten

Danmuji (eingelegter Rettich), in dünne Scheiben geschnitten

MI XAO GION

(KNUSPRIG FRITTIERTES NUDELNEST MIT GEMÜSE)

Mì Xào Giòn *oder »knusprig gebratene Nudeln mit Gemüse« ist eines meiner Lieblingsgerichte. Es gibt nichts Besseres als dieses Nest aus superknusprigen goldenen Nudeln, glasiert mit reichhaltiger Knoblauch-Sojasauce. Ich liebe es, wenn ich mir eine mundgerechte Portion aus der Mitte des Nests fische, wo die Sauce die Nudeln aufgeweicht hat, und diese weichen und doch knusprigen Nudeln auf dem Gaumen spüre. Es ist wirklich ein kulinarisches Feuerwerk!*

1. Für die Nudelnester in einer hohen Pfanne das Frittieröl auf 180 °C erhitzen. Die Hälfte der Nudeln zu einem Nest formen und mit einem Frittierlöffel in die Pfanne geben. Etwa 10 bis 20 Sekunden frittieren (bis die Nudeln sich aufplustern und knusprig werden), dann das Nest umdrehen, um die Unterseite zu frittieren. Das Nudelnest auf Küchenkrepp abtropfen lassen. Ein zweites Nest auf die gleiche Weise frittieren. Beiseitestellen.

2. Für die Sauce in einer Schale die Austernsauce, die beiden Sojasaucen, den Puderzucker, das Sesamöl und etwas Pfeffer vermengen. Beiseitestellen.

3. Für das Gemüse Paprika, Brokkoli, Champignons, Pak Choi und Karotte in mundgerechte Stücke schneiden. Die Zwiebel in Ringe schneiden und den Knoblauch fein hacken. In einer hohen Pfanne oder einem Wok das Öl erhitzen, dann die Zwiebel und zuletzt kurz den Knoblauch darin anschwitzen, bis sie aromatisch duften. Das restliche Gemüse dazugeben und mitanbraten. Die Sauce untermischen (1 EL der Sauce zum Anrichten zurückbehalten). Mit der Brühe aufgießen und alles zum Kochen bringen. Die angerührte Maisstärke löffelweise unterrühren und alles sanft köcheln lassen, bis das Gemüse gar ist.

4. Je ein Nudelnest in eine Essschale geben. Mit dem Gemüse anrichten und mit der restlichen Sauce beträufeln.

ZUTATEN (2 Portionen)

Für die Nudelnester

500 ml geschmacksneutrales Pflanzenöl (zum Frittieren)
200 g dünne chinesische Nudeln

Für die Sauce

2 EL vegane Austernsauce (siehe Grundrezept S. 20)

1 EL helle Sojasauce

1 EL dunkle Sojasauce

1 EL Puderzucker

3 EL Sesamöl

schwarzer Pfeffer aus der Mühle

Für das Gemüse

1 grüne Paprika

½ Brokkoli

5 Champignons

1 Pak Choi

1 Karotte

1 weiße Zwiebel

1 Knoblauchzehe

1 EL geschmacksneutrales Pflanzenöl

150 ml Gemüsebrühe

2 EL Maisstärke, mit 3 EL Wasser angerührt

DANK

Ich danke dir, Alie, meine Freundin und Fotografin. Du bist wie eine zweite Mutter. Du hast mich bei all dieser Arbeit unterstützt und ermutigt und mir so viel Input gegeben.

Vielen Dank an meine Mutter, die es immer verstanden hat, mich zu motivieren und zu inspirieren. Meine Kochleidenschaft habe ich ihr zu verdanken.

Vielen Dank, Lucie, die mich so liebevoll unterstützt.

Vielen Dank an alle, die mir bei der Erstellung dieses Buches geholfen haben.

Ein großes Dankeschön geht auch an Céline und das gesamte Team von Éditions La Plage.

Vielen Dank an alle, die dieses Buch kaufen und sich die Zeit nehmen, diese Rezepte nachzukochen.

Zu guter Letzt danke ich mich mir selbst, dass ich einen meiner Träume wahr gemacht und mir bewiesen habe, dass ich es schaffen kann.